AF211494

Kölner Beiträge zur Sprachdidaktik

herausgegeben von
Hartmut Günther, Ursula Bredel & Michael Becker-Mrotzek

Reihe A

Michael Becker-Mrotzek
Erhard Kusch
Bernd Wehnert

Leseförderung in der Berufsbildung

Waxmann Verlag GmbH
Steinfurter Straße 555, 48159 Münster
info@waxmann.com

Waxmann
Münster · New York

Die Beiträge sind außerdem unter folgender Internet-Adresse verfügbar: www.koebes.uni-koeln.de.

Copyright © 2006 Waxmann Verlag GmbH, Münster
Alle Rechte vorbehalten
ISBN 978-3-89325-859-8
Bibliografische Information der Deutschen Bibliothek:
Die Deutsche Bibliothek verzeichnet diese Publikation in der Deutschen Nationalbibliografie; detaillierte bibliografische Daten sind im Internet über http://www.ddb.de abrufbar.

Inhalt

Grußworte zum Projektbuch

Ein Lob für mutiges Handeln

Prof. Dr. Klaus Ring, Stiftung Lesen

Seit vor einigen Jahren die PISA-Studie mit ihren desaströsen Ergebnissen die deutsche Gesellschaft aufgeschreckt hat, kam bis dato unbekannte Hektik in unsere Bildungspolitik. Eine Konferenz löste die andere ab; der „Bildungstourismus" in die Schulen der Testsieger Finnland und Schweden blühte auf; kaum ein Abgeordneter mit bildungspolitischer Verantwortung, der nicht das Bedürfnis hatte, sich vor Ort zu informieren, wie man moderne Schulen betreiben kann, mit denen sich internationale Spitzenleistungen erbringen lassen. In Deutschland sah man Anlass, gleich das gesamte Schulsystem in Frage zu stellen. Die Gesamtschuldiskussion begann aufs Neue. Nur um die besonders betroffenen Schüler selbst, die durch die PISA-Studie so zweifelsfrei identifizierten „Risikogruppen", kümmerte sich kaum jemand. Wer geglaubt hatte, nun endlich würden gezielte Programme aufgelegt, um aufzuholen und diejenigen zu fördern, von denen man weiß, dass sie besondere Unterstützung brauchen, um mit Erfolg unser Bildungssystem durchlaufen zu können, der sah sich enttäuscht.

Aber eine ganz frühe Ausnahme gab es neben den vielen Diskutanten: Drei Berufskollegs des Kreises Düren waren mutig und handelten einfach. Ohne bildungspolitischen oder gar ideologischen Gefechtslärm. Das Problem war erkannt und auch, dass es sich lösen lässt. Partner wurden gewonnen: Die Industrie- und Handelskammer Aachen mit ihrem weitsichtigen Präsidenten Michael Wirtz (auch er unter den ersten, die das Problem so ernst nahmen, wie es genommen werden musste - und zwar lange vor PISA), und die Handwerkskammer Aachen mit ihrem Präsidenten Dieter Philipp. Dazu stieß der Kölner Regierungspräsident. Fachleute von der Universität zu Köln konnten gewonnen werden für ein handfestes, wissenschaftlich abgesichertes Förderprogramm. Die Reise in ein neues Feld (neben-)schulischer Förderung konnte beginnen.

Der Modellversuch wurde vor kurzem abgeschlossen. Er zeigt, dass sich gezieltes Handeln lohnt. Was mich dabei besonders befriedigt: Dieses Experiment wurde in Berufsschulen gewagt. Bisher war bei allen Diskussionen um das deutsche Schulsystem post PISA wider alle Vernunft, wider die Realität der großen Schülerzahlen und wider die wirtschaftliche Bedeutung dieses Zweiges der Bereich der beruflichen Ausbildung fast aus der Diskussion ausgeschlossen. Nun aber wird gerade hier das erste Beispiel präsentiert für vorbildliche, modellhafte Vorgehensweise. Gratulation! Aber nur so, glaube ich, kann man das Problem anpacken, ohne Zeit zu Lasten der Schüler zu vergeuden.

Vor vielleicht 10 Jahren war es, dass ich in einer Kammer zum ersten Mal hörte, dass durchschnittlich 15 % der Lehrstellenbewerber in Deutschland abgewiesen werden müssen, weil ihre Kenntnisse und Fähigkeiten im Lesen und Schreiben unzureichend sind. So schockierend dieses war: als noch schockierender empfand ich, dass damals aus politischer „Correctness" heraus über diesen Skandal kaum öffentlich gesprochen werden konnte. Das haben wir glücklicherweise hinter uns. Wir hören und lesen inzwischen überall, dass nach wie vor jährlich 80 000 Schüler ohne Abschluss die Schule verlassen, die meisten davon als funktionale Analphabeten, junge Leute ohne jede berufliche Chance; dass 23 Prozent der 15-jährigen kaum in der Lage sind, die unterste der vier Leistungsstufen des PISA-Tests im Bereich der Lesekompetenz zu erreichen, dass hier ein nationales Problem entstanden ist.

Rasches Handeln ist angesagt. Was in den Berufskollegs im Kreis Düren erstmals erprobt wurde, darf kein Einzelfall bleiben. Es gibt keinen Grund, diesen Erfolg nicht auch andernorts zu suchen.

Grußwort zum Projektbuch

„Leseförderung in der Berufsbildung"

Hans Peter Lindlar, Regierungspräsident Köln

Die Ergebnisse der PISA-Untersuchung haben zu einer umfassenden Reflexion der schulischen Arbeit im Bereich der Förderung von Lesekompetenz geführt. Ich begrüße es daher außerordentlich, dass sich die Berufskollegs dieser Aufgabe annehmen. Zur kompetenten Teilnahme am wirtschaftlichen und gesellschaftlichen Leben benötigen junge Menschen die Fähigkeit, geschriebene Texte zu verstehen, sie zu nutzen und über ihre Inhalte zu reflektieren.

Lesekompetenz ist die Grundlage für das Lesen, weil Aneignung und Vermittlung von Wissen weitgehend über Texte erfolgen. Erst das Lesen und schriftliche Festhalten von Inhalten führt zu einer wirklichen Aneignung von Wissen. Somit bildet die Lesekompetenz eine zentrale Voraussetzung für professionelles Handeln im Beruf und in der Gesellschaft. Informationsbeschaffung und – weitergabe sind vielfach an Schrift und Text gebunden, was durch die neuen Medien noch verstärkt wird.

Ich begrüße es daher, dass die Veröffentlichung die unterrichtliche Arbeit in den Schulen unterstützt. Es wird deutlich, dass die Förderung von Lesekompetenz nicht einzelnen Fächern übertragen werden kann, sondern in Leitbildern und Schulentwicklungsprozessen zu integrieren ist. Erfahrungsgestützt wird gleichzeitig ein Fortbildungskonzept für Lehrerinnen und Lehrer vorgestellt, das die unterrichtliche Umsetzung wissenschaftlicher Erkenntnisse ermöglicht.

Die praxisnahe Veröffentlichung „Leseförderung in der Berufsbildung" wird sicher unseren Auszubildenden und Schülerinnen und Schülern auf dem Weg zur beruflichen und persönlichen Selbstständigkeit wertvolle Hilfestellung leisten.

Grußwort zum Projektbuch
„Leseförderung in der Berufsbildung"

Michael Wirtz, Präsident der Industrie- und Handelskammer Aachen

Seitdem ich vor vielen Jahren – lange vor PISA – in einem Gespräch mit Prof. Ring von der Stiftung Lesen Hintergrundinformationen zu den immer größeren Schreib- und Leseproblemen unserer Jugend hörte, liegt mir das Thema am Herzen.

Von daher stand es für mich außer Frage, das Projekt seitens der Industrie- und Handelskammer Aachen zu unterstützen, als die Initiatoren, allen voran Oberstudiendirektor Horn, nach Kooperationspartnern suchten.

Die zu beklagenden Defizite vieler Auszubildender müssen grundlegend und flächendeckend beseitigt werden. Das sind wir den Jugendlichen schuldig, denen unser allgemeinbildendes Schulsystem nicht genügend Rüstzeug für ein Berufsleben mit auf den Weg gegeben hat. Das sind wir aber auch unseren Unternehmen schuldig, denen durch die entstehenden Verständnis- und Verständigungsfehler immense Schäden und damit Wettbewerbsnachteile entstehen.

Die nun vorliegenden Ergebnisse der Studie zeigen uns einen praxisbezogenen Weg, wie die gesamtgesellschaftliche Misere fehlender Lesekompetenz deutlich gemindert werden kann. Ich wünsche uns allen, dass diese segensreiche Arbeit die Multiplikatorwirkung erzielt, die sie verdient. Die wissenschaftlich-didaktischen Erkenntnisse, die hier niedergelegt sind, mögen noch vielen Jugendlichen in zahlreichen Ausbildungsberufen im gesamten Land zu Nutze kommen.

Grußwort zum Projektbuch

„Leseförderung in der Berufsbildung"

Dieter Philipp, Präsident der Handwerkskammer Aachen

Für eine positive Entwicklung in der Zukunft braucht das Handwerk gut aus-gebildete Nachwuchskräfte. Unsere Gesellinnen und Gesellen müssen nicht allein fachlich top sein. Von ihnen wird auch erwartet, dass sie mit Kunden freundlich umgehen und sie kompetent beraten können.

Quer durch alle Gewerke hat der technische und ökonomische Wandel die An-forderungen in der Berufsausbildung erhöht. Das moderne Handwerk ist High Tech, die Lehrlinge brauchen deshalb auch Fähigkeiten im Umgang mit Com-putern und den neuen Medien.

Ohne eine gute schulische Vorbildung ist eine handwerkliche Berufsausbildung heute kaum erfolgreich zu bewältigen. Vielen Bewerbern um eine Lehrstelle mangelt es leider an den notwendigen Kenntnissen in den Kernfächern Deutsch, Mathematik und Naturwissenschaften. Dies ist nicht erst seit den mi-serablen Ergebnissen der PISA-Studien bekannt.

Die Meisterbetriebe auch im Kammerbezirk Aachen sind jedoch damit überfor-dert, die Wissensdefizite der Schulabgänger auszugleichen. Umso wichtiger, dass sich die Berufskollegs, unsere bewährten Partner im Dualen System, nun der Aufgabe stellen, die Lese- und Schreibkompetenz der Jugendlichen zu verbessern.

Als Dienstleister für den regionalen Wirtschaftszweig hat sich die Handwerks-kammer Aachen gerne in das wegweisende Modellprojekt eingebracht. Grund-voraussetzung für den erfolgreichen Abschluss einer Lehre ist es nämlich, Lehr-bücher, Fachliteratur und Betriebsanleitungen zu verstehen und eigene, aussagekräftige Texte zu verfassen. Diese Erkenntnis verliert auch im Zeitalter des weltumspannenden Internet nicht an Gültigkeit.

Nach den positiven Ergebnissen des Projektes bin ich überzeugt, dass die Sprachförderung ein fester Bestandteil des Berufsschulunterrichts wird. Auf diesem Weg kann es uns gelingen, den Jugendlichen ein höheres Bildungsni-veau zu vermitteln, das sie befähigt, die Gesellenprüfung zu bestehen.

Allen Beteiligten möchte ich an dieser Stelle einen herzlichen Dank ausspre-chen. Meine Anerkennung richtet sich an die Leiter und Lehrer der Berufskol-legs im Kreis Düren, die Sprachwissenschaftler der Universität zu Köln, die Industrie- und Handelskammer Aachen, die Bezirksregierung Köln und die Stiftung Lesen. Sie alle haben in den vergangenen zwei Jahren mit dazu beige-tragen, ein fachbezogenes Lese- und Schreib-Curriculum für die Berufsschü-ler/innen zu entwickeln.

Der Ertrag dieser Gemeinschaftsarbeit wird sicher noch vielen jungen Handwerkerinnen und Handwerkern zugute kommen, die einen Berufsabschluss mit guten Zukunftsperspektiven erreichen wollen. Sie erhalten eine wertvolle Unterstützung, um diese wichtige Etappe auf ihrem Berufsweg zu meistern.

Zur Entstehung des Projektes

Wolfhard Horn

Das Projekt wurde durch einen Vortrag angestoßen, den Prof. Dr. Klaus Ring als Geschäftsführer der „Stiftung Lesen" im Jahr 1998 vor der Vollversammlung der Industrie- und Handelskammer Aachen gehalten hat. Der Anstoß erfolgte also weit vor dem Bekanntwerden der Ergebnisse der PISA-Studie.

Das Thema dieses Vortrages lautete: „Ist ein Bündnis für Bildung vonnöten? – Zur Ausbildungsreife junger Menschen heute". Ist man bei diesem Thema anderenorts mit eindimensionalen, groben Urteilen, die allzu häufig die alleinige Ursache in den Schulen der Primarstufe und vor allem der Sekundarstufe I sehen, schnell bei der Hand, so gelangte Herr Prof. Ring in seinem sehr differenzierten und durch Kompetenz überzeugenden Vortrag zu der Kernaussage, dass das eigentliche Problem bei den Defiziten im Spracherwerb zeitlich viel früher festzumachen sei. Im Kleinstkind-, Kleinkind- und frühen Kindesalter gibt es sogenannte entwicklungsphysiologische Zeitfenster, in denen die Kinder sprachlich in intensiver und vielfältiger Weise gefordert und gefördert werden müssen, damit sich Sprachkompetenz in gewünschter Weise überhaupt entwickeln kann. Aufbauend darauf wird auch die weitere Entwicklung der Sprachkompetenz durch jeweils wechselnde entwicklungsspezifische Zeitfenster bei den Kindern und Jugendlichen bestimmt. Jedes dieser Zeitfenster ist bestimmt durch einen besonderen Schwerpunkt der Entwicklung der Sprachkompetenz und bedarf insofern jeweils spezifischer Förderangebote. Fehlen diese Angebote und die durch sie angestoßenen Entwicklungen der Sprachkompetenz, dann bleiben nur schwer oder gar nicht zu reparierende Defizite zurück. Die Sprachförderung der Kinder und Jugendlichen ist weitgehend wirkungslos, wenn sie vor oder nach dem Zeitfenster geschieht. Diese Botschaft stützt die nach der PISA-Studie einsetzenden Bemühungen um Sprachförderung besonders in den ersten Zeitfenstern.

Vorausgesetzt, diese Bemühungen in den ersten entwicklungsphysiologischen Zeitfenstern zeigen rasche Wirkung, dann wäre etwa ab dem Jahr 2015 damit zu rechnen, dass die ersten Jugendlichen mit besserer Sprachkompetenz als heute in ihre Ausbildung eintreten. Dabei dürfen auch Zweifel erlaubt sein, ob diese gewünschten Wirkungen auch wirklich ab diesem Zeitpunkt schon eintreten. Was geschieht jedoch mit den vielen Jahrgängen, die bis dahin ihre Ausbildung beginnen? Insgesamt ist dies also ein sehr unbefriedigender Zustand. Deshalb waren wir sehr erfreut, dass Herr Prof. Ring sehr offen und interessiert auf die Frage reagierte, ob wir nicht einmal gemeinsam untersuchen sollten, was denn vielleicht noch trotz der bereits geschlossenen Zeitfenster im Hinblick auf die Sprach- und Lesekompetenz bei Berufsschülern förderlich zu bewegen sei.

Im Jahr 2002 wurde beschlossen, mit Unterstützung von Prof. Dr. Klaus Ring das Vorhaben als konkretes Projekt anzupacken.

Als unverzichtbar für das Projekt wurden dabei folgende vier Parameter erachtet:

1)   Unterstützung sichern

Sicherstellen der Unterstützung durch alle von dieser Problematik in unserer Region berührten Personen und Stellen. Im Hinblick auf die Berufsbildung standen dabei die folgenden Institutionen im Mittelpunkt:

* Industrie- und Handelskammer Aachen

* Handwerkskammer Aachen

* Kreishandwerkerschaft und Innungen

* Ausbildungsbetriebe in der Region

* Schulaufsicht

* Politik und Verwaltung des Schulträgers.

Der Präsident der Industrie- und Handelskammer Aachen, Herr Michael Wirtz, der Präsident der Handwerkskammer Aachen, Herr Dieter Philipp, und der damalige Präsident der Bezirksregierung Köln, Herr Jürgen Roters, sagten spontan ihre persönliche Unterstützung zu, und auch verschiedene Betriebe, die Kreishandwerkerschaft, die Innungen und der Schulträger signalisierten ihre Bereitschaft mitzuhelfen.

2)   Begleiten des Projekts auf wissenschaftlich fundierter Basis

In Prof. Dr. Michael Becker-Mrotzek vom Seminar für Deutsche Sprache und ihre Didaktik an der Universität zu Köln fanden wir eine wissenschaftliche Begleitung, die unseren ergebnisorientierten, pragmatischen Ansatz fachlich kompetent und zielorientiert begleiten konnte. Für die Entwicklung der Lesetests konnten außerdem Prof. Dr. Hartmut Günther, Prof. Dr. Hilde Haider und Dr. Gabriela Kniffka gewonnen werden, die Arbeit wissenschaftlich zu begleiten.

3)   Erarbeiten von konkreten, nachhaltig wirkenden Ergebnissen

Das Projekt wurde in enger Zusammenarbeit zwischen wissenschaftlicher Begleitung und den Praktikern in Schulen und Betrieben durchgeführt, um auf diese Weise für die Praxis hilfreiche und nachhaltige Ergebnisse zu erhalten.

4)   Sicherung einer soliden Finanzierung

Die erforderlichen finanziellen Mittel und personellen Ressourcen wurden bereitgestellt durch:

- Industrie- und Handelskammer Aachen
- Handwerkskammer Aachen
- Bezirksregierung Köln
- Kreis Düren
- Stiftungen der Sparkasse Düren
- SIG Combibloc GmbH, Linnich
- Vereinigte Industrieverbände von Düren, Jülich, Euskirchen und Umgebung e.V.
- designorama.

Das Projekt wurde offiziell am 06. Dezember 2002 im Beisein der Hauptgeschäftsführer der Industrie- und Handelskammer, Herr Jürgen Drewes, und der Handwerkskammer, Herr Ralf W. Barkey, sowie von Herrn Geschäftsführer Prof. Klaus Ring (Stiftung Lesen), Herrn Prof. Becker-Mrotzek (Universität zu Köln), den Vertretern der beteiligten Berufskollegs und des Schulträgers durch den Regierungspräsidenten der Bezirksregierung Köln, Herrn Jürgen Roters, gestartet und war nach einer Volaufphase auf zwei Jahre angelegt.

In zwei Zwischenberichten wurde gegenüber den Beteiligten, Betroffenen und Sponsoren Rechenschaft über den Projektverlauf abgelegt. Im Juli 2003 wurde das Projekt dem Bildungswerk der nordrhein-westfälischen und niedersächsischen Industrie- und Handelskammern in Anwesenheit aller Kammern dieser Bundesländer vorgestellt und mit uneingeschränkter Zustimmung und großem Interesse aufgenommen. So zeichnete sich bereits zu diesem Zeitpunkt ein Bedarf ab, die Ergebnisse des Projektes über die Region hinaus zu verbreiten und nachhaltig zu nutzen.

1   Problembeschreibung

Erhard Kusch

In der dualen Berufsausbildung begleiten die Berufskollegs den Übergang der junger Menschen von den allgemeinbildenden Schulen in die Arbeitswelt. Der Berufsschulunterricht unterstützt die Jugendlichen und jungen Erwachsenen damit in einer überaus interessanten Lebensphase, die besondere Chancen und Herausforderungen birgt. Nach zehn und mehr Jahren in einer allgemeinbildenden Schule stellt sich für die Auszubildenden die Frage nach dem Sinn und den Zielen ihres Lernens noch einmal ganz neu. Die konkreten Anforderungen in der Berufspraxis und in der Berufsschule lassen sie praxisnah erfahren, wozu bisher Gelerntes gebraucht wird und wo persönliche Stärken liegen. Zugleich wird ihnen aber auch bewusster als in der Schule vorher, was ihre individuellen Entwicklungsbedarfe und auch Kompetenz- und Wissensdefizite sind.

1.1   Herausforderungen der Berufsausbildung

Für die jungen Menschen ist die Berufsausbildung in der Regel verknüpft mit konkreteren Zukunftsperspektiven. Dies öffnet sie in besonderem Maße, sich auf neue Anforderungen einzulassen. Es motiviert sie noch einmal neu, wieder zu lernen und damit die Voraussetzungen für den Erfolg im zukünftigen Beruf zu verbessern. Diese Offenheit und Motivation kennzeichnen das pädagogische Arbeitsfeld in der Berufsschule. Im Spannungsfeld der individuellen Potenziale und Lernvoraussetzungen, die die Auszubildenden aus den allgemeinbildenden Schulen mitbringen, und den betrieblichen Anforderungen andererseits, die eng an den teilweise rapiden marktwirtschaftlichen und technischen Entwicklungen orientiert sind, haben die Berufskollegs die Aufgabe, den jungen Menschen umfassende Handlungskompetenz zu vermitteln. Vorrangiges Ziel ist es, dass sie lernen, sich aktiv und verantwortungsbewusst in ihren Berufen sowie in der privaten und öffentlichen Lebenswelt einzubringen und die Entwicklungen dort mitgestalten zu können.

Diesen Auftrag erfüllen die Berufskollegs in einem komplexen Spannungsfeld. Zum einen steigen die Kompetenzanforderungen in den neuen wie auch in den traditionellen Berufen. Dies betrifft insbesondere drei Anforderungsbereiche:

*   erweiterte fachliche Kompetenzen, denn die Produktanforderungen, Marketing- und Produktionsverfahren sowie die Maschinen und Geräte werden zunehmend komplexer

*   erweiterte soziale und personale Kompetenzen, die den Fachkräften aufgrund der zunehmend team- und kundenorientierten Arbeitsstrukturen in der Arbeitswelt abverlangt werden

- erweiterte spezifische Methoden- und Lernkompetenzen innerhalb der genannten Kompetenzbereiche.

Den steigenden Anforderungen an die angehenden Facharbeiter/innen, Gesellinnen und Gesellen stehen deutlich andere Lernvoraussetzungen gegenüber, die die jungen Auszubildenden mitbringen. Hier zeigen die Erfahrungen in der Berufsschule, dass sich deren Potenziale in den letzten 15 Jahren zunehmend verändert haben. Die Auszubildenden sind selbstbewusster, und sie sind souveräner im Umgang mit neuen Technologien. Zugleich fehlen aber – und dies wird durch die PISA-Studie belegt – fundierte und flexibel nutzbare Lesekompetenzen und mathematische Kompetenzen.

1.2 Anforderungen an die Lesekompetenz in der Berufsausbildung

Die Lese- und mathematischen Kompetenzen sind aber von elementarer Bedeutung für den Erfolg der Ausbildung und für die daran anschließende berufliche Tätigkeit. Die angehenden Fachkräfte müssen sich in der Ausbildung und im Beruf fachliche Inhalte aus Fachbüchern, Fachberichten und Produktinformationen erschließen; sie müssen sich aktiv einbringen in betriebliche Informationssysteme von der Leistungsbeschreibung bis hin zur Dokumentation der erbrachten Leistungen. Hinzu kommt, dass die Kompetenz des Lesens (und Schreibens) maßgeblichen Einfluss hat auf den Erfolg und auf die Effizienz der Lernprozesse im Betrieb und insbesondere auch in der Berufsschule. Wer nicht in der Lage ist, hinreichend fundiert und umfassend die relevanten Informationen aus Texten, Tabellen und Grafiken zu entnehmen, kann nicht effizient lernen und arbeiten. Wem es an der erforderlichen Lesekompetenz mangelt, der hat geringere Chancen, die Gesellen- und Facharbeiterprüfung erfolgreich zu bestehen und damit den Grundstein zu legen für die eigene berufliche Karriere.

1.3 Ziele des Projekts zur Leseförderung

Das Projekt zur Leseförderung ist hier eine wichtige Unterstützung, um in dem kurz umrissenen komplexen pädagogischen Arbeitsfeld der dualen Berufsausbildung mit wissenschaftlicher Begleitung neue Ansätze zur Förderung der Lesekompetenz zu entwickeln. Das Projekt gründet dazu innerhalb dieses Arbeitsfeldes gezielt auf den spezifischen Anforderungen in den folgenden Bereichen:

- Kompetenzpotenziale und Lernvoraussetzungen von Auszubildenden und deren spezifische Ausprägungen in der Übergangsphase von der allgemeinbildenden Schule in den Beruf.

- betriebliche Anforderungen hinsichtlich der Lesekompetenz qualifizierter Fachkräfte

- curriculare Anforderungen im Rahmen des berufspädagogischen Auftrags der Berufskollegs und der bildungsgang- und fachdidaktischen Umsetzung dieser Vorgaben

- organisatorische Potenziale der Berufskollegs

- wissenschaftlicher Erkenntnisstand zur Lese- und Lernforschung.

Bei der Analyse der Rahmenbedingungen für eine gezielte Förderung der Lesekompetenz innerhalb der dualen Berufsausbildung wurde schnell deutlich, dass es dabei nicht allein darum gehen kann, eine Sammlung geeigneter Materialien zusammenzustellen, die in der Berufsschule im Fach Deutsch / Kommunikation eingesetzt werden können. Vielmehr geht es um ganzheitliche, auf die Bedingungen in der Berufsschule ausgerichtete Konzepte. Um eine wirksame Leseförderung in Aussicht zu stellen, müssen sich diese Konzepte an den konkreten Anforderungen zu den basalen Lesekompetenzen in der beruflichen Praxis der sehr unterschiedlich ausgerichteten dualen Bildungsgänge orientieren. Das Spektrum umfasste hier in dem Projekt - aufgrund des Bildungsangebots der eingebundenen drei Berufskollegs - technische und kaufmännische Berufe. Zugleich muss es ausgerichtet werden auf die curricularen und bildungsgangdidaktischen Entwicklungen in den Berufskollegs. Im Hinblick auf diese Rahmenbedingungen stehen folgende Ziele im Mittelpunkt des Projekts zur Leseförderung in der dualen Berufsausbildung:

- Entwickeln didaktischer Ansätze zur gezielten Leseförderung in der dualen Berufsausbildung, die sich einfügen in ein lernfeld- und handlungsorientiertes Gesamtkonzept wie die Projektwoche zur Leseförderung oder das Unterrichtskonzept zur handlungsorientierten Einbindung der Auszubildenden in die Auseinandersetzung mit der eigenen Lesekompetenz und deren Weiterentwicklung

- Entwickeln von Unterrichtsmaterialien zur gezielten berufsorientierten Leseförderung

- Entwickeln von Modulen zur Fortbildung der Lehrkräfte im Hinblick auf eine gezielte Diagnose und Förderung der Lesekompetenz

- Entwickeln von Konzepten, um die Leseförderung über den Unterricht im Fach Deutsch / Kommunikation hinausgehend zu einem konstitutiven Element der bildungsgangdidaktischen Planungen und des Unterrichts zu machen.

- Entwickeln von praktikablen Diagnoseinstrumenten, um die relevanten Lesekompetenzen und deren Entwicklung valide erfassen zu können und damit die Voraussetzung für eine gezieltere auch individuell ausgerichtete Leseförderung zu schaffen.

2   Texte lesen

2.1   Ausgangslage

Michael Becker-Mrotzek / Rebecca Drommler

Das Projekt hat im Jahre 2002 auf eine Problemlage reagiert, die mit der Veröffentlichung der PISA-Studie in das öffentliche Bewusstsein rückte, Experten in Theorie und Praxis aber seit längerem bekannt ist. Damit ist nicht nur die Tatsache gemeint, dass zahlreiche Schulabgänger nur über eine unzureichende Lese- und auch Schreibkompetenz verfügen, sondern vor allem, dass dies trotz Schulbesuchs so ist. Ganz offensichtlich hat es unser Schulsystem über einen längeren Zeitraum zugelassen, dass ein Großteil seiner Absolventen nach 10-jährigem Schulbesuch nicht über die grundlegenden Fähigkeiten des Lesens und Schreibens verfügt. Es verlassen etwa 25 % eines Jahrsgangs die Schule ohne <u>die</u> zentrale Schlüsselqualifikation für ein eigenverantwortliches und selbst bestimmtes Leben. Denn ohne Lesen und Schreiben gibt es keine qualifizierte Ausbildung und ohne Ausbildung faktisch kaum Chancen auf eine anspruchsvollere Berufstätigkeit.

Dies war und ist möglich in einem Schulsystem, das sich durch eine hohe Regelungsdichte in allen Bereichen auszeichnet, unterrichtsbezogen sind hier detaillierte Richtlinien und Lehrpläne zu nennen, aber auch ein ausgefeiltes Zulassungsverfahren für Schulbücher und andere Lehrmaterialien. Unser Schulsystem achtet bislang überwiegend darauf, was hineinkommt. Man kontrolliert den Input, d.h. das Was und Wie des Lehrens und Lernens. Dahinter steht die Vorstellung, über genaue Vorgaben die gewünschten Lernziele zu erreichen. Eine solche Vorstellung verträgt sich mit einer Bildungstheorie, die in Deutschland eine lange Tradition hat und bis Humboldt zurückverfolgt werden kann. Gemeint ist eine bildungstheoretische Didaktik, wie sie bis hinein in die 80er Jahre des 20. Jh. etwa von Klafki (1985) vertreten wird. Diese Didaktik geht davon aus, dass die Beschäftigung mit bestimmten Inhalten gewissermaßen automatisch bildend auf das lernende Subjekt wirkt. Die internationalen Schulleistungsstudien wie TIMMS und vor allem PISA zeigen aber nun, dass das nur bedingt zutrifft. Vor allem weisen diese Studien aber einen grundsätzlich anderen Weg der Bildungsorganisation: Der Blick wird weniger auf den Input gerichtet als vielmehr auf den Output, d.h. auf die Lernergebnisse oder Kompetenzen der Schüler/innen.

Zurzeit befindet sich unser Bildungssystem in einem Umbruch weg von der Input-Orientierung hin zu einer Output-Orientierung. Es soll nicht nur kontrolliert werden, was und wie unterricht wird, sondern insbesondere auch das, was bei dem Unterricht herauskommt. Die damit verbundenen grundsätzlichen

bildungstheoretischen Fragen können und sollen an dieser Stelle nicht diskutiert werden; vor allem nicht die Frage, was denn nun wirklich neu und was
Weiterentwicklung ist.

Ungeachtet der grundsätzlichen Fragen benötigt eine solche Umorientierung
neue Verfahren und Instrumente. Auf engste verbunden ist damit die Frage,
was denn nun als Output gelten soll: Was sollen die Schüler/innen lernen und
wie soll das Gelernte ermittelt werden? Hier sind unterschiedliche Möglichkeiten denkbar: vom *Faktenwissen* über allgemeine *Fähigkeiten* bis hin zur Feststellung von *Kompetenzen*. Die PISA-Studie und in der Nachfolge erste Lernstands-
erhebungen in verschiedenen Bundesländern lassen erkennen, was ver- und
ermittelt werden soll: *Kompetenzen* bzw. *Kompetenzstufen*. Die Schüler/innen
sollen in verschiedenen Bereichen über bestimmte Kompetenzen verfügen, die
zu festgelegten Zeitpunkten durch geeignete Verfahren ermittelt werden sollen.
Was ist nun mit *Kompetenz* im Allgemeinen und Lesekompetenz im Besonderen
gemeint? Dahinter verbirgt sich ein Geflecht von Theorien, die alle versuchen,
die Fähigkeiten des Menschen auf ganz unterschiedliche Weise zu modellieren.

2.2   Texte als Mittel der schriftlichen Kommunikation

Texte stellen eine besondere Form der Sprachverwendung dar, wie schon die
eigens hierfür verwendeten Ausdrücke *Schreiben* und *Lesen* – im Unterschied zu
Sprechen und *Hören* – zeigen. Sie ermöglichen uns die Realisierung neuer Funktionen des Kommunizierens und des Denkens, die mit der gesprochenen Sprache alleine nicht möglich sind. Die Speicherung sprachlicher Äußerungen in
geschriebenen Texten erweitert auf der einen Seite unsere Handlungsmöglich-
keiten, erfordert auf der anderen aber zugleich auch neue Kompetenzen, nämlich die Fähigkeit zu schreiben und zu lesen. Diese Zusammenhänge sollen im
Folgenden erläutert werden.

Texte sind das Mittel der schriftlichen Kommunikation, die sich deutlich von
der mündlichen unterscheidet. Die mündliche Kommunikation ist idealiter
durch die gleichzeitige Anwesenheit von Sprecher und Hörer gekennzeichnet:

Dadurch verfügen beide – Sprecher und Hörer – nicht nur über eine gemeinsame Situation, die sie (annähernd) in der gleichen Weise wahrnehmen, sondern
auch über die Möglichkeit, hierauf mit sprachlichen und nicht-sprachlichen
Mitteln Bezug zu nehmen. So können sie auf Gegenstände im Raum zeigen
oder auf die aktuelle Situation mit Ausdrücken wie *„ich"*, *„hier"* oder *„jetzt"*

Bezug nehmen. Solche Zeigegesten und Ausdrücke sind nur in der Situation selbst verstehbar. Zugleich haben Sprecher und Hörer die Möglichkeit, Verständigungsprobleme unmittelbar zu signalisieren, sei es durch ein eingeworfenes fragendes *„Hm"*, ein Stirnrunzeln oder eine ausdrückliche Frage *„Wie meist du das?"*.

Lesen und Schreiben stellen demgegenüber eine spezifische Form der Kommunikation dar, die unter besonderen Bedingungen stattfindet. Bei der schriftlichen Kommunikation handelt es sich um eine *zerdehnte Kommunikation*, d.h. um eine Verständigung über Raum und Zeit hinweg (Ehlich 1983). Dabei wird – bildlich gesprochen – die ursprüngliche Gesprächssituation, also das Gespräch von Angesicht zu Angesicht, in zwei selbständige Einheiten zerlegt, eben *zerdehnt*. Zwischen die Kommunikationspartner tritt ein weiteres Medium, das die Äußerungen speichert und transportiert: Das kann das Gedächtnis eines Menschen sein, wie im Fall des Boten, es kann ein Aufzeichnungsgerät sein, wie wir es von Anrufbeantwortern kennen, oder eben auch der geschriebene Text, die heute wahrscheinlich gebräuchlichste Textform:

Diese Bedingungen enthalten gegenüber dem Mündlichen sowohl Erschwernisse als auch Vereinfachungen für Leser und Schreiber. Lesen und Schreiben sind insofern schwieriger als Sprechen und Zuhören, weil hier mit einem abwesenden, vielleicht sogar unbekannten Schreiber bzw. Leser kommuniziert wird. Dadurch fallen alle für das Gespräch typischen wechselseitigen Aktivitäten wie Rückmeldungen, Nachfragen oder Bestätigungen weg, die eine wichtige Unterstützung bei der Realisierung kommunikativer Absichten leisten. Aber auch objektiv stellt dieser Verlust ein Erschwernis der Kommunikation dar, weil der Handlungskontext erst einmal hergestellt werden muss. Ist im Gespräch die gemeinsame Situation fraglos gegeben, so muss sie in der schriftlichen Kommunikation durch den Text erst geschaffen werden. Auf der anderen Seite finden sich aber Vereinfachungen, deren wichtigste in der Handlungsentlastung besteht. So können Lesen und Schreiben ohne Zeitdruck erfolgen, d.h., eine Äußerung kann beim Schreiben mehrfach überarbeitet, der Text kann als Ganzes geplant und auch mehrfach gelesen werden. Dadurch entfällt der für das Gespräch typische Handlungsdruck, Äußerungen gleichzeitig verstehen, planen und produzieren zu müssen.

2.3   Merkmale von Texten

Aus ihrer zentralen Funktion, nämlich ein Mittel oder Werkzeug der zerdehnten Kommunikation zu sein, leitet sich eine Reihe von Merkmalen her, die allen Texten gemeinsam ist; auf die besonderen Merkmale der sog. nicht-linearen Texte gehen wir weiter unten ein. Hierzu zählt die Textlinguistik u.a. die folgenden, auch wenn einige Kriterien kontrovers diskutiert werden (vgl. Adamzik 2004, S. 31ff):

*   Kohärenz

*   Musterhaftigkeit

*   Autorschaft

*   Dauerhaftigkeit

*   Selbständigkeit

Kohärenz

Das vielleicht wichtigste Merkmal von Texten bezeichnet man als *Kohärenz* (Roter Faden). Es meint den über Satzgrenzen hinausreichenden inhaltlich-thematischen Zusammenhang, ohne den keine Satzfolge zu einem Text wird. Kohärenz kann sprachlich auf unterschiedliche Weise ausgedrückt werden:

*   *Pronomen*: Sie verweisen innerhalb eines Textes auf etwas zuvor Gesagtes zurück und legen so erkennbar einen Roten Faden; wir sprechen hier von *Anaphern*: *„EIN Mann ging über die Straße und wir sahen IHN. Da erkannte ER SEINEN Bruder."* Hier verweisen die Ausdrücke „ihn", „er" und „seinen" zurück auf den zuerst erwähnten Ausdruck „ein Mann". Grammatikalisch drückt sich das in der Kongruenz (= Übereinstimmung) des grammatischen Genus (= Geschlecht) aus. *Kataphern* verweisen demgegenüber nach vorn: *„Da war ES wieder, DAS UNHEIMLICHE GERÄUSCH"*; hier weist das Pronomen „es" auf den erst später auftauchenden Ausdruck *„das unheimliche Geräusch"*, ein Mittel, das vor allem auch zur Spannungserzeugung eingesetzt wird.

*   *Wiederaufnahme und Ersetzung*: Wörter können in einem Text wörtlich wiederholt oder durch andere, bedeutungsähnliche ersetzt werden: *Ein SPATZ zwitscherte fröhlich. „Was den KLEINEN VOGEL wohl so fröhlich macht?", dachte ich bei mir. Da sah ich den SPATZEN davon fliegen.* Hier wird der als erstes gebrauchte Ausdruck „Spatz" zum einen wörtlich wiederholt und zum anderen durch den Ausdruck „kleiner Vogel" ersetzt. Ersetzungen dieser Art verlangen vom Leser ein bestimmtes Weltwissen; in diesem Fall müssen sie wissen, was ein Spatz ist, um zu verstehen, dass der Ausdruck „der kleine Vogel" eine Ersetzung ist. Was hier trivial erscheinen mag, kann in Fachtexten zu echten Verstehensproblemen führen.

- *Verknüpfungen*: Um die zwischen einzelnen Sätzen oder auch Wörtern bestehenden logischen und sonstigen Beziehungen auszudrücken, verwenden wir Verknüpfungen, sog. *Konnektoren*, d.h. sprachliche Mittel wie Konjunktionen, Präpositionen und Adverbien, die Zusammenhänge ausdrücken: *Peter kommt heute nicht zum Seminar,* WEIL *er krank ist. Er geht* ABER *zum Training, weil ein wichtiges Spiel ansteht.* Hier stellen die Konjunktionen „weil" und „aber" für den Leser inhaltliche Zusammenhänge zwischen zwei Teilaussagen her. Einmal wird Kausalität ausgedrückt, also ein Ereignis als Grund für ein anders angegeben, das andere Mal Adversativität, d.h. ein Gegensatz ausgedrückt. Nicht immer wird und muss Kohärenz sprachlich ausgedrückt werden, etwa in dem Satz: *Peter kommt nicht zur Konferenz; er ist krank.* Hier greift das Prinzip der sprachlichen Ökonomie, wonach nur das gesagt oder geschrieben wird, was für das Verständnis unbedingt erforderlich ist.

- *Tempus*: Das Tempus ist ebenfalls ein wichtiges Mittel, um den Leser in bestimmte Verweisräume zu versetzen. So bewirkt das Präteritum, dass wir uns als Leser in eine Vorstellungswelt begeben. Es findet sich daher vor allem in fiktionalen Texten (Romanen etc.) Das Präsens signalisiert dagegen Realitätsbezug und findet sich beispielsweise in wissenschaftlichen und Fachtexten.

Die genannten sprachlichen Mittel haben also die Funktion, den inneren Zusammenhang, den Roten Faden oder auch das inhaltliche Geflecht sprachlich auszudrücken und damit für den Leser nachvollziehbar zu machen.

Musterhaftigkeit (Textart)

Neben den genannten sprachlichen Mitteln haben sich aber auch sog. Textmuster oder Textarten ausgebildet, denen Texte üblicherweise in ihrem Aufbau folgen. Im Alltag gelingt es uns in der Regel recht mühelos, einen konkreten Text einer bestimmten Textart zuzuordnen; so kennen wir beispielsweise ERZÄHLUNGEN, BERICHTE, ANTRÄGE, PROTOKOLLE, ANLEITUNGEN, BESCHREIBUNGEN, VERORDNUNGEN, VORSCHRIFTEN etc. Textarten sind im Wesentlichen über zwei Merkmale bestimmt: ihre Funktion und ihre Struktur. Sie stellen gewissermaßen Muster oder Werkzeuge für die Bewältigung wiederkehrender Kommunikationsanlässe dar. Im Laufe der Entwicklung schälen sich bewährte Darstellungsverfahren für unterschiedliche kommunikative Funktionen heraus, die dann tradiert werden. Diesen Prozess kann man beispielhaft im Bereich der technischen Kommunikation am Beispiel der Bedienungsanleitung gut verfolgen. Hier hat sich in den letzten 10 bis 15 Jahren eine neue Textart entwickelt, wie beispielsweise ein einfacher Blick in die Anleitung älterer Hausgeräte zeigt. Standen am Anfang eher technische Beschreibungen und Erklärungen der unterschiedlichen Funktionen eines Geräts, so dominieren heute funktionsbezogene Darstellungen, die die Interessen der Nutzer in den Mittelpunkt rücken. Aus diesen allgemeinen Funktionen leiten sich ein Set an typischen Bestandteilen und ein je spezifischer Aufbau her. So erwarten wir in Bedienungsanleitungen für Hausgeräte u.a. ein Inhaltsverzeichnis, eine Abbildung der Geräteteile, eine Beschreibung aller Funktionen, eine Liste mit möglichen Ursachen bei Fehlfunktionen, ein Stichwortverzeichnis und Hinweise auf Servicemöglichkeiten.

Texte setzen sich im Normalfall aus mehreren Einzelteilen zusammen, die je nach Umfang in Absätze, Abschnitte oder Kapitel aufgeteilt sind, die wiederum je spezifische Funktionen erfüllen. Hierbei kommt den Überschriften eine wichtige Bedeutung zu, weil sie den Leser über das Folgende vorab informieren. Die Reihenfolge der einzelnen Teile ist nicht beliebig, sondern ergibt sich aus ihrer jeweiligen Funktion. Textarten verfügen über je spezifische Makrostrukturen, wie am Beispiel der Erzählung gut zu erkennen ist:

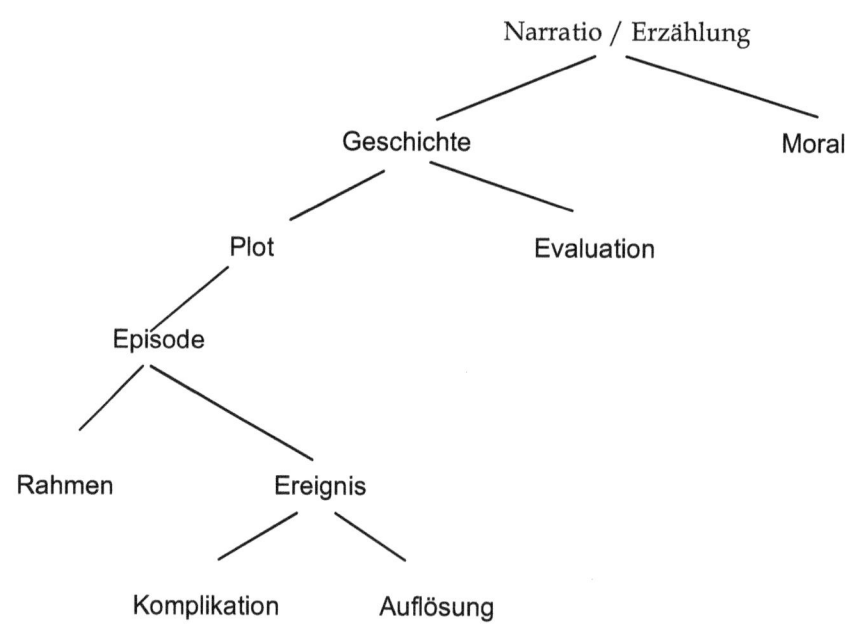

Abbildung 1: Struktur von narrativen Texten nach Adamzik 2001, S. 269

Das Baumdiagramm ist so zu verstehen, dass eine Erzählung aus einer Geschichte und einer Moral besteht; die Geschichte wiederum teilt sich auf in den

Plot (= Punkt der Erzählung) und die Evaluation (die Bewertung durch den Erzähler). Der Plot besteht aus einer Ereignisfolge, die in einen Rahmen eingebunden ist; die Ereignisfolge selber enthält eine Komplikation und ihre Auflösung. In analoger Weise lassen sich auch für andere Textarten die Bestandteile und ihre Anordnung beschreiben.

Daneben verfügen die Textarten über ein je spezifisches Set an typischen Formulierungen, sprachlichen Wendungen und Formeln. So erkennt man an der Wendung *„Es war einmal ..."*, dass es sich um einen Märchenanfang handelt; *„Hiermit beantrage ich, dass ..."* ist eine typische Formel für einen Antrag. Des Weiteren finden sich häufig sog. metakommunikative Äußerungen der folgenden Art: *„Im Weiteren schildere ich, ..."*, *„Diese Anleitung soll Ihnen schnell und zuverlässig zeigen, ..."*. Solche Äußerungen haben die Funktion, den Textraum zu etablieren oder aufrechtzuerhalten. Der Begriff *Textraum* nimmt Bezug auf die besonderen Bedingungen der schriftlichen, zerdehnten Kommunikation, bei der Schreiber und Leser nicht – wie Sprecher und Hörer – über einen gemeinsamen Wahrnehmungsraum verfügen. Ihr gemeinsamer Handlungsrahmen ist der Text, der vom Schreiber eben als Textraum etabliert und von Leser als solcher rekonstruiert werden muss.

Weitere Merkmale

Aus den bisherigen Überlegungen zum Textbegriff leiten sich einige weitere Merkmale her, die eng mit den bereits behandelten zusammenhängen. So wird Texten üblicherweise unterstellt, dass es eine Autorschaft gibt, d.h. einen oder mehrere verantwortliche Autoren. Texte sind also keine zufälligen Produkte, sondern das Ergebnis eines intentionalen Schreibprozesses. Wir können an dieser Stelle nicht die Frage erörtern, inwieweit eine solche Annahme auch auf Hypertexte im Internet zutrifft. Allerdings ist das in unserem Zusammenhang eher von theoretischer Bedeutung, weil es hier um solche Texte geht, die genau die o.a. Merkmale aufweisen.

Relative *Dauerhaftigkeit*, die ebenfalls als typisches Textmerkmal gilt, ergibt sich insbesondere aus dem Vergleich mit dem mündlichen Gespräch, dessen Flüchtigkeit ja gerade durch den Text überwunden werden soll. Ganz ähnlich verhält es sich mit dem Merkmal der relativen *Selbständigkeit*, die sich – wiederum im Vergleich zum Gespräch – aus der Zerdehnung der Gesprächssituation ergibt. Eine sprachliche Äußerung, die außerhalb ihrer Entstehungssituation verständlich sein soll, muss selbständig, d.h. ohne Nachfragen beim Sprecher verstehbar sein.

Zusammenfassung

Texte sind also ein spezifisches Mittel für die Kommunikation über Raum und Zeit hinweg; sie ermöglichen uns, sprachliche Äußerungen relativ dauerhaft zu speichern, damit sie von anderen eigenständig rezipiert werden können. Diese zentrale Funktion erfordert bestimmte sprachliche Strukturen, die sich von denen der mündlichen Kommunikation deutlich unterscheiden. Insbesondere muss ein Text möglichst alle Informationen selber liefern, die zu seinem Verständnis nötig sind. Dadurch sind Texte in besonderer Weise explizit und klar strukturiert. Und für die verschiedenen Kommunikationsanlässe haben sich je spezifische Textarten herausgebildet, die für das Schreiben und Lesen eine große Hilfe sein können.

2.4   Textverständlichkeit

Texte als Mittel der zerdehnten Kommunikation können, wie jedes andere menschliche Produkt auch, mehr oder weniger gelungen sein. Wir bezeichnen die Qualität eines Textes als Textverständlichkeit, wobei es kein absolutes Maß an Verständlichkeit gibt. Texte in ihrer materiellen Form sind zunächst einmal nur Ausdrucke auf dem Papier (Text-auf-Papier), die erst durch die Rezeption einen Sinn bekommen. Erst im Kopf eines Lesers erhält die materialisierte Form überhaupt eine Bedeutung (Text-im-Kopf). In diesem Sinn gibt es ebenso wenig *die* objektive Bedeutung eines Textes wie die objektiv in einem Text enthaltenen Informationen (s.o.). Der Text-auf-Papier enthält Anweisungen für die Rekonstruktion der vom Schreiber intendierten Bedeutung durch den Leser. Wie dieser die Bedeutung rekonstruiert, ist damit also auf der einen Seite abhängig von der Klarheit der Anweisungen und auf der anderen von den Verstehensbemühungen des Lesers. Konkret: Aus der Verständlichkeitsforschung wissen wir, dass ein in der Verständlichkeit optimierter Text (= bessere Verstehensanweisungen) die Verstehensleistungen für alle Leser verbessert. Ein verständlich geschriebener Fachtext ist für Fachleute immer noch verständlicher als für Laien; sie können dem Text – im Vergleich zu Laien – mehr und schneller Informationen entnehmen. Eine zentrale Größe von Textverständlichkeit ist damit das Vorwissen des Lesers

In Anlehnung an Christmann / Groeben (1996) lassen sich Textmerkmale benennen, die die Textrezeption erleichtern, d.h. auf unnötige Hürden verzichten. Texte mit solchen Merkmalen sind also relativ verständlicher als solche ohne diese Merkmale. Im Einzelnen gehören dazu:

*   *Vorstrukturierungen* (advance organizer): Kurze, dem Text vorangestellte Einführungen in die wichtigsten Konzepte in abstrakter begrifflicher Form.

*   *Sequentielle Ordnung*: Hierarchisch geordnete Abfolge der Textelemente, sowohl des Gesamttextes wie auch seiner Abschnitte. Die Ordnung soll dabei von den umfassenderen zu den spezielleren Konzepten absteigen.

*   *Zusammenfassungen*: Wiedergabe der wichtigsten Aussagen am Textende.

- *Hervorhebungen und Unterstreichungen*: Sparsame, einfache und konsistente Hervorhebungen, die leicht zu erfassen sind.

- *Analogien*: Insbesondere bereichsferne, aber strukturähnliche Analogien helfen, vorhandenes Wissen für das Verstehen zu aktivieren.

- *Anreicherungen*: Zusätzliche Erläuterungen, Beispiele, Erklärungen etc. können in Abhängigkeit vom Leseziel und Textmaterial das Verstehen erleichtern.

- *Sprachliche Einfachheit*: Bekannte, anschauliche Wörter und klar strukturierte Sätze, die syntaktisch unaufwändig erschlossen werden können, erleichtern das Verstehen, Passivkonstruktionen und Nominalisierungen sind in der Regel schwerer zu erfassen.

- *Klare Textstruktur*: Die Themenentwicklung für den Leser nachvollziehbar machen, d.h. Themenwechsel und Perspektivenänderungen anzeigen, abstrakte Konzepte erläutern, inhaltliche Zusammenhänge sprachlich ausdrücken.

Je mehr dieser Bedingungen erfüllt sind, desto leichter fällt es dem Leser, die im Text angelegte semantische Struktur für sich zu rekonstruieren. M.a.W.: der Text soll dem Leser helfen, eine eigene semantische Struktur aufzubauen und mit seinem Vorwissen zu verknüpfen. Dieses Verhältnis von Textstruktur und Lesestrategie haben Christmann / Groeben graphisch dargestellt, um zugleich die Wirkungsweise von Veranschaulichungen argumentativer Strukturen mithilfe von Diagrammen zu illustrieren:

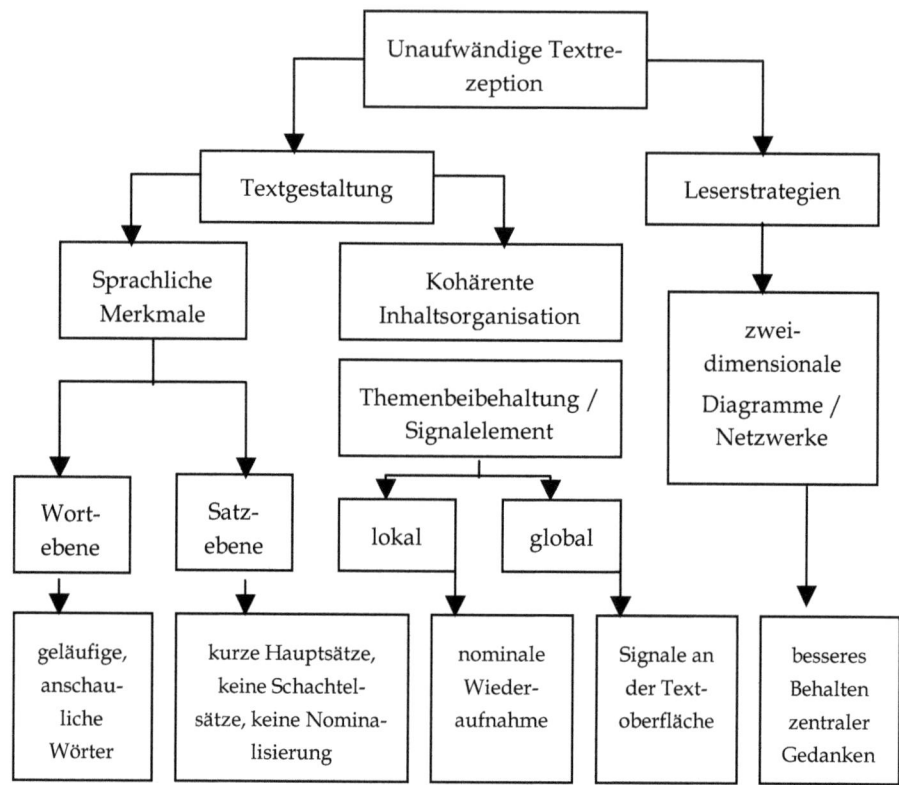

Abbildung 2: in Anlehnung an Christmann / Groeben (1996) S. 158

2.5   Tabellen, Diagramme und Abbildungen

Bislang wurde unter dem Begriff *geschriebener Text* das verstanden, was in der
PISA-Studie *kontinuierlicher Text* genannt wird:

> Kontinuierliche Texte bestehen normalerweise aus Sätzen, die in Absätzen
> organisiert sind. Sie können Teil von größeren Strukturen wie Abschnit-
> ten, Kapiteln oder Büchern sein. Zum Typus kontinuierlicher Texte wer-
> den Erzählungen, Sachbeschreibungen, Berichte oder Nachrichten gezählt.
> (Artelt, Cordula / Schneider, Wolfgang / Schiefele, Ulrich 2002, S. 58)

PISA unterscheidet *kontinuierliche Texte* von *nicht kontinuierlichen Texten*, die wie
folgt definiert werden:

> Nicht kontinuierliche Texte liegen häufig im Matrix-Format vor und beru-
> hen auf Kombinationen von Listen. Die Information ist dabei nicht fortlau-
> fend und auch nicht allein verbal dargestellt. (ebd.)

PISA fasst hierunter alle sog. nicht-linearen Texte, u. a. Tabellen, Diagramme
und Abbildungen. Hierbei handelt es sich um Darstellungsformen, die über-

wiegend nicht-verbal und nicht-linear organisiert sind. Wir sprechen im Folgenden stattdessen von Tabellen, Grafiken etc., weil mit dem Textbegriff implizit die Eigenschaften des linearen Textes verbunden sind. Obwohl viele mit dem Lesebegriff das Lesen von linearen Texten verbinden, spielen Tabellen, Diagramme und Abbildungen eine große Rolle im Umgang mit Alltags- und Fachtexten. Diese sind oft in lineare Texte integriert, können aber auch separat erscheinen, wie z.B. in den Statistiken der Bundeszentrale für gesundheitliche Aufklärung (BZgA). Das Verstehen und Interpretieren von Tabellen, Diagrammen und Abbildungen ist nicht als selbstverständlich vorauszusetzen und wird daher von uns gesondert thematisiert. Aus den Funktionen von Tabellen, Diagramme und Abbildungen lassen sich folgende gemeinsame Merkmale herleiten:

*   Prägnante Darstellung der Informationen
*   Übersichtlichkeit
*   Höhere Vergleichbarkeit.

Darüber hinaus ist festzuhalten, dass Tabellen, Diagramme und Abbildungen mehr oder andere Informationen enthalten können als der begleitende Text und oft neutraler wirken. Allerdings können sie in der gleichen Weise manipuliert sein wie lineare Texte und müssen deswegen ebenso kritisch gelesen werden. *Diagramm* und *Abbildung* können unter dem Oberbegriff *Grafik* zusammengefasst werden:

> **Grafik** [griechisch, graph...] *die,* Teilgebiet der bildenden Kunst. Sie umfasst in erster Linie Druckgrafik (Holzschnitt, Kupferstich, Lithographie, Originalgrafik), aber auch Handzeichnungen (Zeichnung) werden ihr zugerechnet. Von der zweckfreien künstlerischen Grafik wird das Grafikdesign unterschieden. – Eine technische Sonderstellung nehmen Computergrafik und Computerkunst ein. (Brockhaus 2003)

Wir werden jedoch beides separat betrachtet, da die unterschiedliche Darstellungsweise auch eine unterschiedliche Art und Weise der Rezeption verlangt.

Die Tabelle

Im Brockhaus wird *Tabelle* wie folgt definiert:

> **Tabelle** [lateinisch] *die,* systematisch angeordnete Übersicht zur Darstellung von Zahlen, Fakten, Namen und Ähnlichem; im Sport die Rangfolge von Einzelsportlern oder Mannschaften.

Kennzeichnend für die Tabelle ist somit die geordnete Zusammenstellung von Texten oder Daten in Form von Zeilen und Spalten. Beim Lesen der Tabelle spielen vor allem die Überschriften der Zeilen und Spalten eine Rolle; so ist es beispielsweise für die Interpretation von Daten wichtig, ob die Zahlen absolut oder in Prozent angegeben werden. Die Kohärenz des Dargestellten wird hier nicht verbal gebildet; *Pronomina, Wiederaufnahme und Ersetzung, Verknüpfungen* und *Tempus* spielen hier faktisch keine Rolle. Um Tabellen zu verstehen, muss der Leser hier den Zusammenhang zwischen den Zeilen und Spalten herstellen. Hierbei spielen u. a. das Vorwissen und das Wissen, das sich aus dem begleitenden Text ergibt, eine Rolle.

Das Diagramm

Ebenso wie in Tabellen lassen sich auch in Diagrammen Informationen zusammenfassen und übersichtlich anordnen. Laut Brockhaus wird unter *Diagramm* folgendes verstanden:

> **Diagramm** [griechisch] *das*, grafische Darstellung zur Veranschaulichung von Zahlen, (statistischen) Daten, Größen und logischen Größenbeziehungen, oft als Ergänzung von Tabellen. Meist werden mathematisch regelmäßige Formen (Quadrate, Rechtecke, Kreise) zur Visualisierung verwendet, v.a. als Stab-, Säulen-, Kreis- oder Tortendiagramm, oder auch (in speziellen Gebieten) als Kurven-, Zeiger-, Baum- und Kartodiagramm dargestellt. – In der *Botanik* stellen Blütendiagramme schematische, in eine Ebene projizierte Grundrisse einer Blüte dar.

In den technischen Disziplinen und der Medientechnik wird der Begriff *Diagramm* für geometrische Grundformen genutzt. Diese werden durch Säulen / Balken, Kurven oder Kreise / Torten dargestellt. Dementsprechend gibt es auch verschiedene Arten von Diagrammen, von denen hier vier vorgestellt werden sollen:

1. Das *Säulendiagramm* stellt unterschiedliche Variablen durch waagerechte oder senkrechte Säulen dar, eignet sich v.a. für die Veranschaulichung von maximalen und minimalen Werten sowie Veränderungen.

2. Das *Kurvendiagramm* stellt Veränderungen von Variablen dar und setzt sie in Beziehung zueinander, eignet sich v.a. für die Veranschaulichung eines Verlaufs.

3. Das *Kreisdiagramm* stellt Prozentanteile am Ganzen dar, eignet sich v.a. für die Veranschaulichung des relativen Anteils am Ganzen.

4. Das *Flussdiagramm* stellt den Ablauf von Prozessen und Handlungen dar, eignet sich v.a. für die Veranschaulichung von einzelnen Phasen des Ablaufs und von Entscheidungspunkten.

Ebenso wie bei Tabellen wird die Kohärenz bei Diagramm weniger durch sprachliche Mittel als vielmehr durch den Zusammenhang zwischen den verschiedenen geometrischen Grundformen hergestellt. Diagramme sinnvoll zu nutzen kann nicht als selbstverständlich vorausgesetzt werden, sondern muss vermittelt und geübt werden. Flussdiagramme zu lesen erweist sich im Vergleich zum Säulen-, Kurven- und Kreisdiagramm als komplizierter, weil hier eine ganze Reihe von Konventionen beherrscht werden muss. So werden unterschiedliche geometrische Formen genutzt, um verschiedenen Handlungsaspekte darzustellen: Rechtecke stehen für Handlungen, Rauten für Entscheidungs-punkte, Ellipsen für Anfang und Ende eines Ablaufs und Kreise für Anschluss-punkt. Diese werden durch Pfeile miteinander verbunden, um Abläufe darzu-stellen. Um ein Flussdiagramm zu verstehen, müssen diese Konventionen be-kannt sein.

Die Abbildung

Eine Abbildung setzt sich immer aus Text und Bild zusammen:

> **Abbildung,** 1) *allgemein:* gedrucktes Bild (Illustration). Wissenschaftliche, künstlerische und technische Abbildungen (Darstellungen) genießen den Schutz des Urheberrechts. 2) *Mathematik:* die eindeutige Überführung der Punkte einer Objektmenge (Urbildpunkte) in Punkte einer Bildmenge (Bildpunkte). (...) 3) *Optik:* die Erzeugung eines Bildes von einem Gegen-stand mithilfe der von ihm ausgehenden oder an ihm reflektierten Strahlen, speziell mithilfe von Lichtstrahlen (optische Abbildung). (...) (Brockhaus 2003)

Für unseren Zusammenhang ist Definition 1 von Bedeutung. Hier werden sprachliche und bildliche Informationen miteinander verknüpft, so dass die Vorteile beider miteinander verbunden werden. Bilder erfüllen die folgenden Funktionen besonders gut:

- *Motivieren und Stimulieren*: „Bilder wirken auflockernd und bieten Anreize zum Hinschauen und Weiterlesen." (Ballstaedt, Steffen-Peter 1996, S. 192 ff.)
- *Veranschaulichen*: Ein Gegenstand oder Detail sowie die dazugehörigen Merkmale werden dargestellt. Bilder dienen somit als „Ersatz für abwesen-de Realität." (ebd.)
- *Räumlich orientieren*: Ein Bild veranschaulicht räumliche Beziehungen und Konfigurationen besser als eine verbale Beschreibung.
- *Informationen verdichten*: Dieser Punkt bezieht sich v. a. auf grafische Visua-lisierungen. Nach Ballstaedt „werden Informationen so verdichtet, dass sie durch Gruppierungen oder durch ein Bezugssystem wie z.B. Koordinaten ganzheitlich erfasst werden." (ebd.)

Hinzu kommt nach Ballstaedt eine Reihe weiterer, weniger unmittelbarer Funk-tionen:

- *Vermittlung abstrakter Begriffe und Zusammenhänge*: Diese können bildlich nur als Analogie oder Symbol dargestellt werden.
- *Vermittlung von Allgemeinbegriffen*: Allgemeinbegriffe lassen sich bildlich nur durch ein konkretes Exemplar darstellen.
- *Verneinung von Aussagen und Verbindung von Aussagen durch Konjunktionen*: Dies ist bildlich nur schwer oder missverständlich möglich.

Abbildungen setzen sich aus ikonischen Zeichen zusammen. Diese definiert Ballstaedt folgendermaßen:

> *Ikonische Zeichen* erhalten ihre Bedeutung über gemeinsame sinnliche Merkmale mit dem Bezeichneten. Dementsprechend werden sie über Ähnlichkeiten in der Wahrnehmung verstanden. Ikonische Einzelzeichen sind oft schwer abgrenzbar und erhalten ihre Bedeutung erst im visuellen oder sprachlichen Kontext. (Ballstaedt 1996, S. 195)

Da Abbildungen wichtige Merkmale der Vorlage nachbilden, stellen Abbildungen einen Ausschnitt der Realität dar. Unwichtige Merkmale, wie z.B. Farben, werden jedoch weggelassen. Nach Ballstaedt lassen sich vier Typen unterscheiden:

- *Realfotos*: Farb- oder Schwarzweißfotos.
- *Schattierte Zeichnungen*: eignen sich, um Oberflächeneigenschaften und Beleuchtung hervorzuheben.
- *Strichzeichnungen*: Formen und Konturen werden abgebildet und unwichtige Informationen herausgenommen.
- *Schematisierte Zeichnungen*: charakteristische visuelle Merkmale werden bis zur Karikatur überzeichnet.

Nach Ballstaedt ist das „Verstehen von realen und zeichenhaften Zusammenhängen (...) die komplexeste Leistung des menschlichen Gehirns" (1996, S. 201). Für das Bildverstehen spielen verschiedene kognitive Prozesse eine Rolle, die parallel ablaufen. Hier sind v.a. das Sehfeld, die Augenbewegung, das intentionale Bildverstehen und die Einprägung ins Langzeitgedächtnis zu nennen.

2.6   Texte lesen

Bevor wir auf Lesekompetenz und Lesestrategien zu sprechen kommen, soll knapp der Leseprozess erläutert werden: Was bedeutet, es einen Text zu lesen? Was tun wir, wenn wir einen Text lesen? Ganz grundsätzlich ist hierzu zu sagen, dass Lesen mehr ist als Informationsentnahme. Auch und gerade für die schriftliche Kommunikation gilt, dass wir es hier nicht mit einfachen Prozessen des Codierens und Dekodierens von Informationen zu tun. Texte sind keine Behälter für den Transport von Informationen, wie es so manche populären Kommunikationsmodelle nahe legen. Verständigung ist mehr als das Beladen und Entladen von Wissensträgern, weil die Sprache kein Containersystem für die Übertragung von Bedeutung ist:

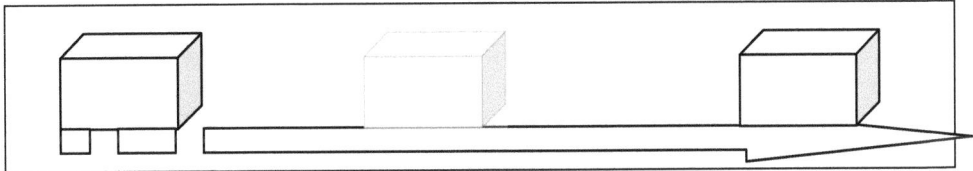

Abbildung 3: Das Container-Modell der Verständigung

Die Sprache ist vielmehr ein Medium der Kommunikation und des Denkens, das immer einen verständigen, aktiven Nutzer verlangt. Lesen ist daher ebenfalls als ein aktiver Prozess der Bedeutungs(re)konstruktion zu modellieren, als ein Interpretationsprozess, bei dem der Leser versucht, die Bedeutung des Textes zu erschließen. Er setzt sein Sprach- und Weltwissen ein, um zu verstehen, was der Schreiber des Textes mitteilen wollte. Dabei ist sein Verständnis niemals vollständig durch den Text determiniert, sondern immer auch geprägt durch sein Vorwissen, seine Erwartungen und andere subjektive Faktoren. Dennoch wird der Autor natürlich bemüht sein, seinen Text so zu formulieren, dass er beim Leser genau die beabsichtige Wirkung erzielt. Und in aller Regel sind die verbleibenden Unterschiede zwischen Gemeinten und Verstandenem für die praktischen Zwecke der Kommunikation unerheblich. Dagegen spricht auch nicht die Tatsache, dass es bestimmte, etwa literarische Texte gibt, die gerade mit einer gewissen Vagheit operieren, indem sie beispielsweise bewusst Leerstellen für den Leser lassen.

Die Bedeutung wird auf der Wort-, Satz- und Textebene unterschiedlich erfasst, d.h. es sind unterschiedliche Kompetenzen erforderlichen. Insgesamt laufen diese Prozesse wohl eher parallel als sequentiell ab. Das bedeutet, die Bedeutung eines Textes wird nicht dadurch verstanden, dass nacheinander erst Wörter und dann Sätze zu einem Textganzen zusammengefügt werden, sondern durch die parallele Nutzung von Textinformationen aller Ebenen und eigenem Weltwissen. Beim Lesen nutzen wir alle uns zur Verfügung stehenden Informationen, um den Text zu deuten.

Auf der Satzebene wird die Bedeutung in Form sog. *Prädikat-Argument-Strukturen* (Propositionen) erfasst. Dahinter steht die Idee einer semantischen Tiefenstruktur, wonach ein Satz das Verhältnis zwischen einem Prädikat (Zustände, Ereignisse, Eigenschaften) und seinen Argumenten (Objekte, Personen, Sachverhalte) beschreibt. So haben beispielsweise die beiden Sätze *„Der Hund beißt die Katze"* und *„Die Katze wird vom Hund gebissen"* dieselbe Tiefenstruktur. Das Prädikat ist in diesem Fall das Ereignis BEISSEN mit den beiden Objekten HUND als Täter und KATZE als Opfer. Grammatikalisch finden wir solche Strukturen in der Syntax wieder, hier etwa in dem Verhältnis von Subjekt, Prädikat und Objekt. Dahinter verbirgt sich ein sehr basales Wirklichkeitskonzept, eine allgemein gültige Erfahrung etwa der folgenden Art: A macht etwas mit B.

Dem entspricht im Deutschen, aber auch in vielen anderen Sprachen, die Abfolge des prototypischen Aussagesatzes: Subjekt – Prädikat – Objekt. Auch aus diesem Grund lernen Kinder zunächst das Aktiv und sind lange Zeit nicht in der Lage, Passivkonstruktionen zu verstehen. Sie verstehen den Unterschied zwischen den beiden o.a. Sätzen nicht.

Satzübergreifend folgt das Verstehen den Textstrukturen, die – wie wir oben gesehen haben – als Ausdruck der besonderen Bedingungen beim Lesen und Schreiben verstanden werden können. Sie haben sich im Laufe der Entwicklung als zweckmäßige Formen der schriftlichen, zerdehnten Kommunikation herausgebildet. Dabei spielen unsere Erwartungen an einen Text und die konkret gegebenen Informationen eng zusammen. Zusammenhänge, die im Text nicht explizit gemacht werden, müssen vom Leser mittels *Interferenzen* erschlossen werden: *„Bernd und Susanne betraten gemeinsam das Restaurant. Der Kellner begleitete sie zu einem freien Tisch."* Um den zweiten Satz zu verstehen, muss man wissen, was typischerweise in einem Restaurant passiert, man muss das typische *Script* (Handlungsmuster) für Restaurants kennen, zu dem neben dem typischen Personal *Kellner*, *Gäste* oder *Koch* auch bestimmte Handlungen wie das *Zuweisen freier Tische* und das *Bestellen* gehören. Insofern sind Interferenzen stark vom Weltwissen des Lesers abhängig. Das Leseverständnis ist umso besser, je deutlicher die Kohärenzstruktur sprachlich zum Ausdruck gebracht wird. Allerdings sind übergenaue, hyperkohärente Texte nicht nur für Experten wegen ihrer Redundanz langweilig.

2.7   Lesekompetenz

Der Kompetenzbegriff wird im Alltag und in unterschiedlichen Disziplinen mit z.T. unterschiedlicher Bedeutung verwendet. In den Lehrplänen für die berufliche Bildung wird beispielsweise ein sehr weiter Kompetenzbegriff zugrunde gelegt, der spezielle Fähigkeiten, Kenntnisse und auch Einstellungen umfasst (vgl. Kap. 3.4). Daneben finden sich auch eher enge Begriffsverwendungen, die sich auf einzelne Teilfähigkeiten beziehen, etwa das Lesen oder Schreiben. Wie die einzelnen (Teil-)Kompetenzen zusammenhängen und sich zu einer Gesamtkompetenz zusammenfügen, ist theoretisch wie empirisch noch nicht geklärt. Wir werden daher den Kompetenzbegriff sowohl in seiner engen als auch seiner weiten Bedeutung verwenden. Im Universalwörterbuch des Duden findet sich folgender Eintrag:

> Kom | pe | tenz, die; -, -en [1: lat. competentia = Zusammentreffen; 2: engl. competence, nach dem amerik. Sprachwissenschaftler N. Chomsky, geboren 1928]: **1. a)** *Sachverstand; Fähigkeiten:* seine große fachliche, wissenschaftliche, kommunikative, soziale K.; ihre K. in Fragen der Phonetik ist unbestritten; **b)** (bes. Rechtsspr.) *Zuständigkeit:* bestimmte -en haben; seine -en überschreiten; die Verteilung der -en; das liegt außerhalb meiner K.;

das fällt in die K. der Behörden. **2.** (Sprachw.) *Summe aller sprachlichen Fähigkeiten, die ein Muttersprachler besitzt.*

Für unseren Zusammenhang einschlägig ist zunächst die Bedeutung 1a, die den
besonderen Sachverstand oder eine spezifische Fähigkeit einer Person meint,
auch wenn diese sicherlich mit der Bedeutung 1b *Zuständigkeit* zusammen-
hängt. Günther (2004) kommt aufgrund einer Begriffsanalyse zu folgender Definition:

> „In der Standardsprache sagt man, dass jemand Kompetenz in bestimm-
> ten Bereichen hat, weil sie / er bestimmte Aufgaben in dem benannten Be-
> reich zu bewältigen im Stande ist und gegebenenfalls auftretende Proble-
> me meistern kann. Dass jemand über die entsprechende Kompetenz ver-
> fügt, lässt sich messen am Ergebnis seiner Handlungen. Zwar ist dieses
> Ergebnis auch durch andere Faktoren geprägt, sodass auch bei z.B. ausge-
> prägter Problemlösungskompetenz manches Problem ungelöst, bei Bügel-
> kompetenz manches Wäschestück nicht glatt wird etc. – aber nur wenn
> die Dinge fortlaufend nicht gemeistert werden, ist er / sie inkompetent"
> (ebd. S. 6).

Bei der unter 2) genannten Bedeutung handelt es sich um eine sehr spezifische
linguistische Verwendungsweise, die auf die spezifischen sprachlichen Fähigkeiten abhebt. Der Kompetenzbegriff wird sowohl beschreibend als auch wer-
tend verwendet. Im Folgenden sollen Genese und Verwendungsweisen des
allgemeinen Kompetenzbegriffs knapp skizziert werden.

Nativistische Kompetenzmodelle

Nach Sutter / Charlton (2002, S. 130f) findet sich der Kompetenzbegriff in der
Wissenschaftsgeschichte zunächst in der Linguistik. Die strukturelle Linguistik
versteht unter der menschlichen Sprachkompetenz die Fähigkeit eines idealen
Sprecher-Hörers, unendlich viele grammatisch korrekte Sätze seiner Sprache zu
erzeugen. Diese Fähigkeit beruht auf der angeborenen Kenntnis der Grammatik, die aus einer begrenzten Anzahl von Regeln und Prüfverfahren besteht.
Danach verfügen wir bereits mit der Geburt nicht nur über bestimmte grammatische Prinzipien, sondern zugleich auch über Verfahren, diese in den wahrge-
nommenen Äußerungen zu erkennen. Der Spracherwerb – als Aneignung der
Grammatik – wird in diesem Konzept eher als ein Entwicklungs- oder Reife-
prozess denn als Lernprozess verstanden. So vergleicht Chomsky (1980) den
Spracherwerb mit dem Wachsen der Arme oder der Entwicklung der Ge-
schlechtsorgane. Ziel eines solchen Kompetenzbegriffs ist die Erklärung der
menschlichen Sprachfähigkeit als conditio humana, d.h. als universelle (= alle
Menschen betreffend), generelle (= mehrere Bereiche betreffend) und stabile
(dauerhafte) Eigenschaft des Menschen.

Ein solcher Kompetenzbegriff abstrahiert bewusst von allen einschränkenden
Faktoren der Wirklichkeit, insbesondere auch von psychischen Faktoren wie

Gedächtnisleistung, Motivation oder Konzentration und sozialen Faktoren wie Schichtzugehörigkeit oder kultureller Identität. Einem so verstandenen Kompetenzbegriff geht es gerade nicht darum, individuelle Aneignungsprozesse und Differenzen zu erklären. Sie fallen in den Bereich der Performanz, dem empirisch immer schon eingeschränkten Gebrauch der Sprachkompetenz. Die Performanz, die der Sprachkompetenz theoretisch zur Seite gestellt wird, soll unsere reale Sprachverwendung beschreiben, die immer einschränkenden Faktoren wie unzureichender Gedächtnisleistung oder mangelnder Motivation unterliegt. Damit geraten gerade diejenigen Aspekte aus dem Blick, die unter einer Entwicklungs- und Erwerbsperspektive besonders bedeutsam sind, nämlich die Bedingungen der Kompetenzentwicklung.

Dennoch wurde der Kompetenzbegriff gerade auch von solchen Disziplinen aufgegriffen, in denen es um Entwicklungsfragen geht. Zunächst in der Entwicklungspsychologie in der Nachfolge von Piaget, dann aber auch in der allgemeinen Theorie der kommunikativen Kompetenz von Habermas (1981). In seiner Theorie der kognitiven Entwicklung geht Piaget von einem universell gültigen Stufenmodell aus, in dem sich die kognitiven Kompetenzen durch weitgehend autonome Konstruktionsprozesse entfalten. Im reflektierten Wechsel (= Äquilibration) von Assimilation (neue Umwelterfahrungen werden in die vorhandenen kognitiven Strukturen eingebaut) und Akkommodation (kognitive Strukturen werden an neue Umweltbedingungen angepasst) baut das Individuum seine Kompetenz auf. Diese intrasubjektiv gleichartigen Prozesse begründen nach Piaget eine universelle Entwicklungslogik.

Empirische Kompetenzmodelle

Einen anderen Weg gehen Kompetenzmodelle, die im Rahmen der aktuellen Bildungstheorie verwendet werden. Ihr Ziel ist es, empirisch überprüfbare Modelle von Kompetenz zu entwickeln, die gerade auch Entwicklungsprozesse und individuelle Unterschiede zu erfassen in der Lage sind. Entwickelt wurden solche Modelle im Rahmen der TIMSS-Studie, der PISA-Studie sowie im Rahmen des DFG-Schwerpunktes „Lesesozialisation in der Mediengesellschaft" (vgl. Groeben / Hurrelmann (Hgg.) 2002 a & b). Hier wird unter Kompetenz ganz allgemein die Fähigkeit verstanden, sich in authentischen Anwendungssituationen zu bewähren, d.h., bestimmte Arten von Problemen zu lösen. Hierfür sind unterschiedliche Grund- oder Basisqualifikationen, auch Kernkompetenzen genannt, erforderlich, zu denen die PISA-Studie die muttersprachliche, die mathematische und die naturwissenschaftliche als basale Kulturwerkzeuge zählt (Baumert u.a. 2001, S. 19f). Im angelsächsischen Raum werden diese auch als *literacy* bezeichnet, was nicht identisch ist mit dem deutschen Begriff *Literalität*, der eher Teil einer umfassenden humanen Bildung ist. Der literacy-Begriff ist betont funktional und kognitiv ausgerichtet, d.h. auf die Bewältigung von relevanten Problemsituationen.

Klieme u.a. (2003, S. 72) definieren Kompetenz in Übereinstimmung mit Weinert wie folgt:

> „Dabei versteht man unter Kompetenzen die bei Individuen verfügbaren oder durch sie erlernbaren kognitiven Fähigkeiten und Fertigkeiten, um bestimmte Probleme zu lösen, sowie die damit verbundenen motivationalen, volitionalen und sozialen Bereitschaften und Fähigkeiten um die Problemlösungen in variablen Situationen erfolgreich und verantwortungsvoll nutzen zu können" (Weinert, 2001, S. 28f).

Dieser Kompetenzbegriff, der die aktuelle Bildungsdiskussion prägt, entstammt der Expertiseforschung und beschreibt ein umfassendes Paket an Eigenschaften, die Experten auf einem Fachgebiet auszeichnen. „Kompetenz ist nach diesem Verständnis eine Disposition, die Personen befähigt, bestimmte Arten von Problemen erfolgreich zu lösen, also konkrete Anforderungssituationen eines bestimmten Typs zu bewältigen" (Klieme et al. 2003, S. 72). Die Frage, ob solche Fähigkeiten erworben oder angeboren sind, rückt in den Hintergrund: „Ganz ohne Zweifel gibt es individuelle und soziale Gegebenheiten (Begabung, Milieu etc.), die das Erwerben der jeweiligen Kompetenz erleichtern oder erschweren, gegebenenfalls auch angeborene, aber die resultierende Kompetenz als solche wird dadurch nicht bestimmt" (Günther 2004, S. 8).

Groeben (2002, S. 160ff) fordert für solche Kompetenz-Konstrukte ein mittleres Abstraktionsniveau, das den Begriff weder theoretisch überfrachtet noch konkretistisch einschränkt. Er muss auf konkrete Phänomene anwendbar und damit operationalisierbar bleiben. Konkret geleistet wird das zum einen durch eine Binnendifferenzierung des Kompetenzbegriffs nach unterschiedlichen Dimensionen, die je spezifische Fähigkeiten, Fertigkeiten und Kenntnisse / Wissensbestände isolieren. Zum anderen muss verdeutlicht werden, wie sich die so beschriebenen Kompetenzen zu umfassenderen Kompetenzkonstrukten verhalten. Wir werden das konkret für die Lesekompetenz ausführen (s.u.).

Genau an dieser Stelle setzt das vorgestellte Projekt an, das sich als konkreter Beitrag zur Erforschung und Entwicklung der Lesekompetenz von Berufsschüler/innen versteht. In diesem Sinne handelt es sich um ein Entwicklungsprojekt im doppelten Sinne, das in enger Kooperation von Theorie und Praxis, von Universität und Schule versucht, die Lesekompetenz von Berufsschüler/innen zu ergründen und zu fördern. Auf der einen Seite stehen die konkreten Erfahrungen der Lehrer und Lehrerinnen, wonach das Leseverstehen vieler Schüler/innen für die Berufsausbildung unzureichend ist, weil sie selbst einfache Texte nicht verstehen. Diese Erfahrungen decken sich mit den Ergebnissen der PISA-Studie, die gezeigt hat, dass etwa 25% der 15-Jährigen maximal über die Lesekompetenzstufe I verfügen. Das heißt, ein Viertel aller Schüler/innen hat erhebliche Probleme, einem Text ausdrückliche Informationen zu entnehmen, also die Bedeutung solcher Textstellen zu ermitteln, die ohne größere kognitive Prozesse wie Schlussfolgerungen oder Hinzuziehen weiteren Wissens auskommen. Auf der anderen Seite steht die Notwendigkeit, diese Schüler/innen in einem Beruf auszubilden, für die sie vielfach andere, fachbezogene Kompetenzen wie Geschick oder technisches Verständnis mitbringen. Hieraus ergab sich die konkrete Zielsetzung, Maßnahmen zur Förderung der Lesekompetenz zu entwickeln, konkret zur Förderung der Kompetenz, Sachtexte zu lesen. Was kann also getan werden, um diese Schlüsselkompetenz „Lesen" zu entwickeln.

Lesekompetenz bei PISA

Die Autoren der PISA-Studie (2001) verwenden einen Begriff von Lesekompetenz, der dem angelsächsischen Litecary-Konzept verbunden ist, das man vielleicht am ehesten mit unserer Vorstellung von Kulturtechnik oder Schlüsselqualifikation vergleichen kann. Im Prinzip geht es darum anzugeben, welche Kenntnisse, Fertigkeiten und Problemlösestrategien die nachfolgende Generation in den verschiedenen Bereichen (Sprache, Mathematik, Naturwissenschaften etc.) benötigt, um den künftigen Herausforderungen gewachsen zu sein. In diesem Sinn versteht PISA unter Lesekompetenz die Fähigkeit, „geschriebene Texte zu verstehen, zu nutzen und über sie zu reflektieren, um eigene Ziele zu erreichen, das eigene Wissen und Potenzial weiterzuentwickeln und am gesellschaftlichen Leben teilzunehmen" (PISA 2000, S. 23). Dazu gehören die folgenden Teilfähigkeit bzw. Dimensionen:

- die Fähigkeit, verschiedene Arten von Texten zu lesen, neben den o.a. kontinuierlichen Textarten auch ganz andere Typen wie Tabellen und Diagramme
- die Fähigkeit, gezielte Leseaufgaben zu bewältigen, wie das Suchen nach Informationen, das Entwickeln einer Textinterpretation oder das Reflektieren einer Textform
- die Fähigkeit, Texte zu lesen, die für verschiedene private oder berufliche Anlässe verfasst wurden.

Hierbei handelt es sich um ein pragmatisches und im Kern kognitives Grundverständnis, das dem Lesen ganz deutlich bestimmte Funktionen der Informationsverarbeitung i.w.S. in übergeordneten Kontexten zuweist. Auf eine bildungspolitische und fachdidaktische Problematisierung dieses Begriffs können wir in unserem Kontext verzichten, weil es im Prinzip genau die für uns relevanten Aspekte des Lesens thematisiert (vgl. für eine Kritik Hurrelmann 2002). Auf dem Hintergrund psycholinguistischer Theorien werden dann die einzelnen Dimensionen und Teilleistungen beim Lesen modelliert:

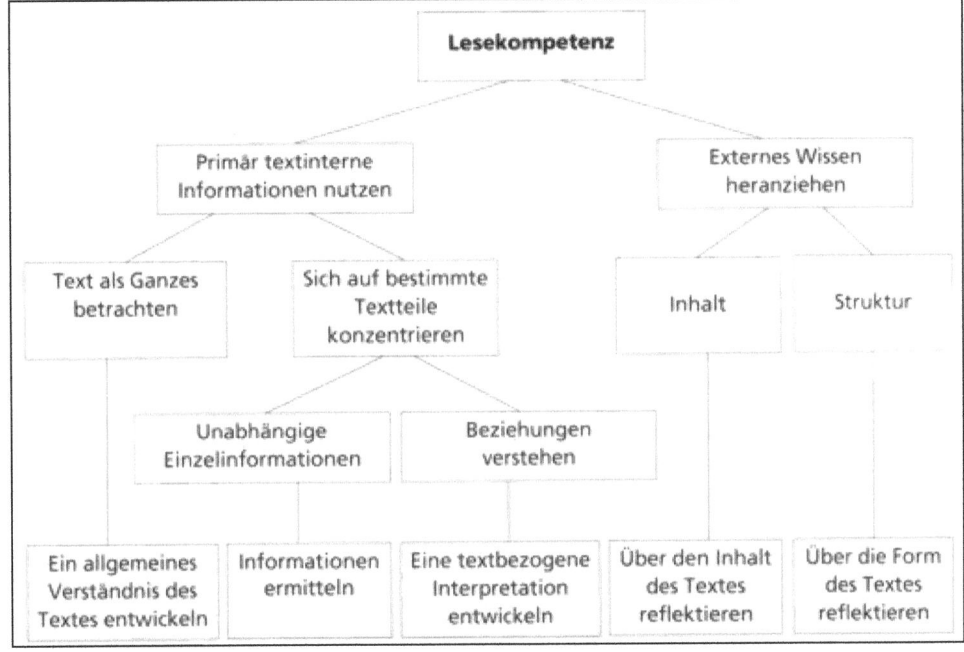

Abbildung 4: Lesemodell aus: Deutsches PISA-Konsortium 2001, S. 82

Das Modell zeigt, welche Teilleistungen für das Lesen angenommen werden. Dabei fällt zunächst einmal die Aufteilung in zwei unterschiedliche Verstehensprozesse auf: die textbasierten und die wissensbasierten. Im ersten Fall werden die im Text selbst gegebenen Informationen genutzt, im zweiten wird externes Wissen hinzugezogen, um ein Textverständnis aufzubauen. Praktisch sind beim Lesen immer beide Prozesse beteiligt. Über verschiedene Zwischenschritte ergeben sich daraus auf der untersten Ebene fünf konkrete Teilkompetenzen: allgemeines Textverständnis entwickeln, Informationen ermitteln, textbezogenes Interpretieren, über den Inhalt reflektieren und über die Form reflektieren. Allerdings zeigen die empirischen Analysen, dass sich letztlich sinnvoll nur drei Teilleistungen unterscheiden lassen, weil die ersten und die letzten beiden nicht zu unterschieden sind. So verbleiben drei:

- *Informationen ermitteln* verlangt vom Leser, „eine oder mehrere Informationen bzw. Teilinformationen im Text zu lokalisieren" (ebd. S. 83). Dazu gehört das genaue Lesen einzelner Textstellen.

- *Textbezogenes Interpretieren* meint, dass „der Leser Bedeutung konstruieren und Schlussfolgerungen aus einem oder mehreren Teilen des Textes ziehen (muss)" (ebd.), etwa durch schlussfolgerndes Denken oder Vergleichen.

- *Reflektieren und Bewerten* schließlich „verlangen vom Leser, den Text mit eigenen Erfahrungen, Wissensbeständen und Ideen in Beziehung zu setzen" (ebd.)

Diese drei Teilleistungen beschreiben zugleich eine Kompetenzhierarchie, wobei das Reflektieren und Bewerten die höchste Form des Verstehens darstellt, weil hier das Textverständnis mit dem eigenen Wissen ins Verhältnis gesetzt wird. Es sind also im Wesentlichen diese Teilleistungen oder Dimensionen, die Lesekompetenz ausmachen. Vor diesem Hintergrund nimmt die PISA-Studie nimmt fünf Kompetenzstufen an, die sich im Wesentlichen dadurch unterscheiden, in welchem Maß der Leser fähig ist, implizite Bedeutungen eines Textes durch Schlussfolgern und andere Denkprozesse zu ermitteln. Artelt u.a. (2002) definieren die Stufen wie folgt:

- *Kompetenzstufe I*: Oberflächliches Verständnis einfacher Texte. Die notwendige Information muss im Text deutlich erkennbar sein und der Text darf nur wenig konkurrierende Elemente enthalten, die von der relevanten Information ablenken könnten.

- *Kompetenzstufe II*: Herstellen einfacher Verknüpfungen. Leser sind in der Lage, einfache Verknüpfungen zwischen verschiedenen Teilen eines Textes herzustellen, auf die Bedeutung einzelner Elemente durch einfache Schlussfolgerungen zu schließen und so den Hauptgedanken eines relativ vertrauten Textes zu identifizieren.

- *Kompetenzstufe III*: Integration von Textelementen und Schlussfolgerungen. Leser sind in der Lage, verschiedene Teile des Textes zu integrieren, auch wenn die einzubeziehende Information wenig offensichtlich ist, mehrere Kriterien zu erfüllen hat und ihre Bedeutung teilweise indirekt erschlossen werden muss.

- *Kompetenzstufe IV*: Detailliertes Verständnis komplexer Texte. Leser können mit unvertrauten Texten umgehen, eingebettete Informationen nutzen und sie den Anforderungen der Aufgabe entsprechend organisieren.

- *Kompetenzstufe V*: Flexible Nutzung unvertrauter, komplexer Texte. Expertenleser, die auch komplexe, unvertraute und lange Texte für verschiedene Zwecke flexibel nutzen können.

Neben einer Beschreibung der Lesekompetenz liefert PISA auch einen Erklärungsansatz für die festgestellten Unterschiede in den Leseleistungen: Wie kommen die z.T. erheblichen interindividuellen Leistungsunterschiede zustande? Hierfür wurden neben der Leseleistung weitere Variablen erhoben, nämlich:

- die kognitive Grundfähigkeit der untersuchten Schüler/innen, gemessen als räumliche und verbale Intelligenz

- ihre Decodierfähigkeit, gemessen als Schnelligkeit, mit der die Bedeutung von Sätzen korrekt erfasst wird
- ihr Lernstrategiewissen, erhoben als Wissen über effektive Lernstrategien
- ihr Leseinteresse, gemessen als Leselust und freiwillige Leseaktivitäten.

Aus den Daten ergibt sich folgendes Vorhersagemodell:

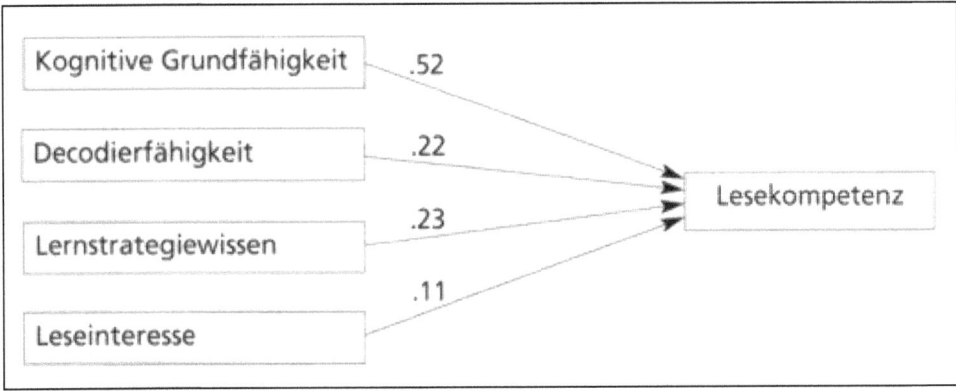

Abbildung 5: Vorhersagemodell für Lesekompetenz, aus: Deutsches PISA-Konsortium 2001, S. 129)

Das Vorhersagemodell versucht zu erklären, welchen individuellen Faktoren den größten Einfluss auf die Lesekompetenz haben, indem es die statistisch bedeutsamen Prädikatoren der Lesekompetenz ausweist. Oder anders ausgedrückt: Wodurch unterscheiden sich gute von schlechten Lesern? Den größten Einfluss hat danach die kognitive Grundfähigkeit, also die allgemeine Intelligenz; es folgen das Lernstrategiewissen, die für das Lesen spezielle Decodierfähigkeit sowie das Leseinteresse. Mit diesen Faktoren lassen sich 64 % der Varianz in der PISA-Studie aufklären.

> „Der wohl wichtigste Befund dieser Analyse besteht darin, dass die Variablen Lernstrategiewissen, Decodierfähigkeit und Leseinteresse neben der kognitiven Grundfähigkeit einen eigenständigen Beitrag zur Erklärung interindividueller Unterschiede in der Lesekompetenz leisten. Da mit gutem Grund angenommen werden kann, dass diese drei genannten Faktoren beeinflussbar sind, geben die Ergebnisse wertvolle Hinweise für gezielte Fördermaßnahmen" (PISA-Konsortium 2001, S. 129).

2.8   Lesestrategien

Eine bewährte Methode, um erfolgreiche Strategien zu erforschen, besteht in der Beobachtung und Analyse von Experten. Aus diesen Forschungen kennen wir zwei grundsätzlich verschiedene Lesestrategien: eine textgeleitete und eine lesergeleitete. Bei der *textgeleiteten Strategie* lässt sich der Leser von den Textstrukturen leiten. Er sucht nach dem Roten Faden, der Kohärenz. Dabei hilft ihm vor allem die sog. Topic-Comment-Struktur, auch Thema-Rhema-Struktur genannt. Damit ist gemeint, dass in einem Text zunächst ein Thema (Topic) eingeführt wird, über das im Folgenden etwas Neues mitgeteilt wird. Sprachlich ist das Thema in der Regel daran zu erkennen, das es mit dem unbestimmten Artikel eingeführt wird. So wird dem Leser signalisiert, dass ein neues Thema eingeführt wird. Die Fortführung des Themas erkennt der Leser dann an der Verwendung von Pronomen oder bestimmten Artikeln. Die Aussagen über das Thema werden als Rhema oder Comment bezeichnet. Eine größere Thema-Rhema-Einheit wird typographisch zudem häufig durch Absätze kenntlich gemacht.

Die *lesergeleitete Strategie* kann als zielgerichteter und intentionaler Prozess des Textverstehens beschrieben werden. Entscheidend ist hierbei, dass es sich um einen bewussten, gesteuerten und aktiven Prozess des Lesers handelt, der in Abhängigkeit von seinen Absichten gezielt bestimmte Leseverfahren einsetzt. Schlechte Leser sind hierzu nicht in der Lage. Nach Christmann / Groeben (1999) gehen die meisten der heute bekannten Lesestrategien auf das SQ3R-Modell von Robinson (1946) zurück:

- **S**urvey: Überblick verschaffen

- **Q**uestion: Fragen an den Text stellen

- **R**ead: Lesen als aktiver Prozess der Informationsentnahme

- **R**ecite: Mit eigenen Formulierungen den Inhalt rekapitulieren

- **R**eview: Gedankliches Wiederholen der ersten vier Schritte, um einen Gesamtüberblick zu erhalten

Dabei lassen sich sog. *Primär-* und *Stützstrategien* unterscheiden. Die *Primärstrategien* dienen der Bedeutungsrekonstruktion im engeren Sinne:

- *Wiederholungsstrategien* eignen sich, um aus Texten zu lernen; und zwar durch mehrmaliges Lesen, Abschreiben, lautes Lesen ...

- *Elaborations- oder Ausarbeitungsstrategien* meinen alle Formen der aktiven Auseinandersetzung mit dem Thema. Sie erleichtern die Verbindung von neuem und altem Wissen durch das Anwenden von Mnemotechniken, Zusammenfassen, Randbemerkungen, Beispiele suchen ...

- *Organisationsstrategien* dienen der Strukturierung des Textmaterials durch Clustern, Abschnitte bilden, Zwischenüberschriften formulieren, Textart bestimmen, ... Sie sind besonders effektiv, weil sie typische Strukturen eines Themas sichtbar machen. Hierbei kommt den *Strukturierungs- und graphischen Darstellungsstrategien* eine besondere Bedeutung zu, weil sie die *phischen Darstellungsstrategien* eine besondere Bedeutung zu, weil sie die für einen bestimmten Themenbereich typischen Darstellungsstrukturen explizieren. Gemeint sind damit die je spezifischen Textarten, die entsprechend ihrem Zweck die Inhalte in einer erwartbaren Struktur darbieten. Man kann also sagen, dass Textartenkenntnisse beim Textverstehen helfen.

Unter *Stützstrategien* verstehen wir solche, die die primären unterstützen, aufrechterhalten oder in Gang setzen.

* *Metakognitive Strategien* haben vor allem die Funktion, sich das eigene Vorgehen bewusst zu machen, um so erfolgreiche Primärstrategien gezielt einsetzen zu können (Aufgabe bewusst machen, Zeitplanung ...)

* *Affektive und volitionale Strategien* dienen der Schaffung und Aufrechterhaltung der eigenen Motivation und Anstrengung, also beispielsweise durch das Herstellen einer angenehmen Leseatmosphäre.

Eine weitere erfolgreiche Strategie besteht darin, die Thema-Rhema-Struktur (s.o.) zu erfassen; das gilt wahrscheinlich vor allem für Texte aus neuen Bereichen, für die der Leser noch nicht über ein entsprechendes Textmusterwissen verfügt. „Folgende Teilschritte werden unterschieden (Elshout-Mohr et al. 1988, S. 84f.):

1) Überblick über den Text gewinnen durch Lesen von Überschriften und Zusammenfassungen;

2) Überblick über einen Abschnitt gewinnen durch Lesen der ersten und letzten Zeilen sowie der hervorgehobenen Wörter;

3) den Abschnitt lesen und die zentralen Themen identifizieren;

4) Durcharbeiten: Identifikation des ersten Abschnittsthemas; Thema auf der linken Seite des Notizpapiers aufschreiben und einkästeln;

5) Aussagen über das Thema identifizieren, präzise und klar formulieren und rechts neben dem Thema auflisten;

6) Identifikation des nächsten Themas und der dazugehörenden Aussagen; falls eine weitere zum ersten Thema gehörende Aussage identifiziert wird, wird sie dort notiert;

7) den Text auf diese Weise bearbeiten, bis eine vollständige Thema / Rhema-Liste des Textes erstellt ist;

8) Überarbeiten der Liste: prüfen, ob die identifizierten Themen hinreichend allgemein und präzise benannt sind, ggf. umformulieren; Themen mit nur einer Aussage sowie relativ unwichtige Aussagen streichen; ggf. eine hierarchische Struktur der Themen erarbeiten;

9) Überprüfen der unterschiedlichen Themen und Subthemen; sich deren Beziehung zueinander sowie zum Texttitel verdeutlichen." (Christmann / Groeben 1999, S. 197)

Damit sind die wichtigsten Lesestrategien benannt, um die Bedeutung eines Textes zur (re-)konstruieren. Dabei gilt, dass nicht jede Strategie für jeden Text und jeden Leser geeignet und erforderlich ist.

2.9   Lesestrategien vermitteln

In Anlehnung an die Forschungslage lassen sich folgende allgemeine Prinzipien für die Förderung der Lesekompetenz formulieren (vgl. auch Christmann / Groeben 1999):

1) *Prinzip der Vielfalt*: Zur Leseförderung werden Kombinationen unterschiedlicher Strategien eingesetzt, weil damit eher eine Verbesserung des Lese- und Textverstehens zu erreichen ist als mit dem Training von Einzelstrategien. Denn nicht alle Leser kommen mit jeder Strategie gleich gut zurecht.

2) *Prinzip des Isolierens und Übens*: Die Strategien werden zunächst als isolierte Aufgaben vermittelt und sodann intensiv und unter variierenden Bedingungen eingeübt. Denn eine ausschließlich indirekte Vermittlung über den Aufbau von Lernsituationen, in denen strategisches Arbeiten lediglich angeregt wird, ohne die Strategien selbst zu thematisieren, führt zu schlechteren Ergebnissen.

3) *Prinzip der Bewusstheit und Transparenz*: Es werden nicht nur kognitive, sondern auch metakognitive Strategien vermittelt, um den Lernprozess bewusst und transparent zu machen. Für diesen Zweck müssen die isolierten Lesetechniken (Unterstreichen, Rausschreiben, etc.) verbunden werden mit einem Wissen über deren Nützlichkeit und Anwendbarkeit. Denn die Einsicht, dass ein bestimmtes Verfahren hilft, erhöht die Bereitschaft, dieses auch selber einzusetzen

4) *Prinzip der Motivation*: Die Vermittlung motivational-emotionaler Strategien ist erforderlich, um die Motivation zum und den Spaß am Lesen zu fördern.

5) *Prinzip der Authentizität und Fächerverbindung*: Um einen Transfer der erworbenen Strategien zu ermöglichen, werden immer wieder authentische Lernkontexte geschaffen. Dazu zählt vor allem die Kleingruppenarbeit mit herausfordernden, berufsbezogenen, realistischen Aufgaben. Die Strategien werden zwar im Deutschunterricht erarbeitet, aber im Weiteren in allen Lernbreichen / Fächern eingesetzt. Das macht es erforderlich, ein einheitliches Schulkonzept zu erarbeiten und im Kollegium zu vermitteln.

Im Folgenden soll gezeigt werden, welche Art von Aufgaben und Unterrichtsszenarien denkbar sind, um die oben genannten Prinzipien zur Förderung der Lesekompetenz umzusetzen. Die angeführten Beispiele sollen exemplarisch zeigen, wie die Leseförderung konkret im Unterricht praktiziert werden kann.

Ihre weitere Entwicklung und Erprobung gehört zu den zentralen Aufgaben des Projekts.

Basisstrategien

Unter Basisstrategien soll ein Set an einfachen, basalen Lesetechniken verstanden werden, mit deren Hilfe ein Text sinnerfassend gelesen werden kann. Hier zählen etwa die folgenden Techniken und Verfahren:

- Unterstreichen des jeweiligen Themas und seiner Subthemen

- Stichworte über das Rhema an den Rand

- Unklare Aussagen unterkringeln

- Offene Fragen am Rand notieren

- Zwischenüberschriften formulieren

- Die Hauptaussage zusammenfassen

Die Basisstrategien unterscheiden sich von den Aufbaustrategien dadurch, dass sie eher auf die Mikrostrukturen des Textes bezogen sind und damit in gewisser Weise konkretere, einfachere Handlungsanweisungen enthalten. Methodisch können sie etwa in Form von detaillierten Lese- und Verstehensaufgaben geübt werden, so wie sie Menzel (2002) vorgeschlagen hat. Die Grundidee besteht darin, zu vorgegebenen Texten solche Fragen zu stellen, die nur durch genaues Lesen richtig beantwortet werden können.

Aufbaustrategien

Unter Aufbaustrategien sollen solche verstanden werden, mit deren Hilfe der Inhalt eines Textes nicht nur genau, sondern auch ziel- und aufgabenbezogen erschlossen werden kann. Hier zählen etwa die folgenden Verfahren:

- Textaussagen graphisch strukturieren (Cluster, Mind Map, ...)

- Kursorisches Lesen (Scannen = Gezieltes Lesen von Überschriften, Abschnittbeginn und –ende, Nomen, ...)

- Die eigenen Erwartungen / Fragestellungen an den Text notieren

- Den Text in seinen – für die eigene Fragestellung – relevanten Aspekten zusammenfassen

Die Aufbaustrategien setzen ein größeres Maß an Planung, Bewusstheit und Motivation voraus. Methodisch können Aufbaustrategien – zusammen mit den Basisstrategien – mit dem Konzept des gemeinsamen Lesens (Baurmann / Müller 2002) vermittelt werden. Die Idee besteht darin, dass ein Experte gemeinsam mit einem Novizen einen Text rezipiert. Dabei leitet der Experte durch seine Fragen den Leseprozess des Novizen. Durch wiederholtes Fragen wird dieser gezwungen, sein Leseverständnis immer wieder zu klären und zu explizieren. Dabei wird der Text sukzessive erarbeitet:

*   Fragen zu einzelnen Abschnitten oder kleinen Einheiten bis hin zu einzelnen Sätzen helfen, lokale Zusammenhänge zu erschließen.

*   Die Aufgabe, einzelne Abschnitte zusammenzufassen zwingen dazu, das eigene Verständnis mit eigenen Worten zu formulieren.

*   Die Aufgabe, einzelne Textaussagen zu erläutern, zwingt dazu, diese in den Kontext des Textes zu stellen und im Zusammenhang zu verstehen.

Metastrategien / Metawissen

Unter Metastrategien / Metawissen sollen solche Kenntnisse verstanden werden, die Wissen über Lesestrategien und Textarten vermitteln. Als Methode für die Vermittlung von Metastrategien bieten sich neben der Reflexion der eigenen Erfahrungen mit solchen Strategien auch Experimente sowie die Wissensvermittlung durch den Lehrer an. Metawissen über Textarten betrifft Aufbau, Funktion, typische Formulieren und Adressaten. Methodisch können Textarten durch Analyse, Vergleich und Systematisierung authentischer Texte erarbeitet werden. Ein Unterrichtsmodell, das viele Strategieformen integriert, ist das Konzept *Lesen durch Schreiben* (Feilke 2002). Die Idee besteht darin, durch gezielte Schreibaufgaben einen authentischen Handlungskontext für das Lesen und Bearbeiten von Texten zu schaffen.

3 Konzepte zur Leseförderung

Bernd D. Wehnert

Lesekompetenz ist eine unabdingbare Voraussetzung für eine erfolgreiche Durchführung einer beruflichen Ausbildung und stellt somit eine große Herausforderung für den Unterricht in allen Fächern des Berufskollegs dar. Sie betrifft alle Lehrer/innen aber vor allem die Schüler. Die Überlegungen zur Vermittelbarkeit von Lesestrategien in der Praxis des Unterrichts standen deshalb stets im Mittelpunkt des Projekts. Eine Lernkultur des selbständigen Lernens durch die Schüler, deren Einsicht in die Nützlichkeit für ihr eigenes Leben, damit auch für ihren Beruf und die damit verbundene Motivation diese Kompetenz zu erreichen, sind dafür eine wichtige Voraussetzung. Selbständiges Lernen erscheint oft zunächst unbequem und anstrengend und bereitet zunächst weniger Freude. Lesestrategien können auch weder die kognitive Grundfähigkeit noch fehlende Motivationen ersetzen. Wir wissen jedoch auch, dass Lernstrategiewissen, Decodierfähigkeit und Leseinteresse beeinflussbar sind (vgl. 2.7). Nur durch längeres Training und ständiges Anwenden lassen sich alte durch neue Gewohnheiten ersetzen und neue Kompetenzen erarbeiten. Neue Gewohnheiten können schlecht unter Druck (z.B. Prüfung) sondern nur in entspannter Atmosphäre durch spielerisches Erproben erreicht werden. Die beste Voraussetzung ist es, wenn Lernende in Lernsituationen erkennen, dass die neuen im Gegensatz zu den alten Gewohnheiten zum Ziel führen.

In den folgenden Abschnitten wird exemplarisch gezeigt, wie erfolgreich neue Lernsituationen für die Leseförderung geschaffen werden und wie Lesestrategien im Schulalltag des Berufskollegs zur neuen Gewohnheit werden können.

Unter dem Stichwort Lesekarte wird ein Werkzeug vorgestellt, dass die Schüler bei ihrer täglichen Lesearbeit im Unterricht oder zu Hause selbständig nutzen können. Eingeführt wird diese Lesekarte vorzugsweise im Deutschunterricht, wo auch der richtige Platz ist, Lesestrategien zum Thema des Unterrichts zu wählen. Lesestrategien müssen explizit im Unterricht thematisiert werden. Ohne das konzeptionelles Wissen um die metakognitiven Strategien bleibt eine singuläre Lesestrategie an der Oberfläche und führt nur zum momentanen Teilerfolg der eine Weiterentwicklung behindert.

Mit der Einführung der Lesekarte werden zunächst Basisstrategien aufgegriffen und systematisiert. Sie knüpfen an Vorwissen an und bieten Anlass zur sofortigen Umsetzung, des Ausprobierens durch die Schüler. Sinnentnehmendes Lesen, d. h. ziel- und aufgabenbezogenes Lesen von Texten (vgl. 2.9) macht zusätzliches Verständnis von Aufbaustrategien notwendig. Die Fragen an den Text, Scannen eines Textes und grafische Strukturierung etc. bilden unmittelbar den Schnittpunkt für die Anwendung der Lesestrategien auf Fachtexte in den anderen Fächern. Die Vorteile einer Lesestrategie stellen sich erst durch Übung ein und bedürfen der Unterstützung in allen Fachbereichen.

Die Lesewoche, als Unterrichtsreihe entwickelt, greift die Lesekarte als Werkzeug auf und belässt sie in der Hand der Schüler, während diese die Gelegenheit bekommen, mit bereits gelernten Lesestrategien und unterschiedlichen Techniken (Textstrukturierung, Puzzle, Mindmap, Ablaufdiagramm, etc.) sich Texte anzueignen und ihre eigenen Lesestrategien weiter zu entwickeln.

Die Leseinteressen der Schüler bilden den Ausgangspunkt dieser Unterrichtsreihe. Die Texte sind dementsprechend aus dem Lebenszusammenhang der Schüler gewählt, was auch Fachtexte mit einschließt und damit den Zusammenhang zu den anderen Fächern herstellt.

Durch die handlungsorientierte Vermittlung von Lesekompetenz wird der Gesamtzusammenhang des didaktischen Handelns an Berufskollegs hergestellt und Lesekompetenz für den schulischen Alltag konkretisiert. In dieser hier vorgestellten Lerneinheit geht es darum, wie die neu erworbenen Lesekompetenzen dazu beitragen können, Fachtexte aktiv so zu erschließen und als (angehende) Experten in allgemeine Problemlösungsstrategien einzubeziehen, dass die dem Text entnommenen Informationen zur Lösung von Problemen oder Aufgabenstellungen des beruflichen (Schul)alltags von den Schülern selbst als brauchbar erkannt werden
können.

3.1   Modul Lesetechniken

Rebecca Drommler / Matthias Knopp / Wolfgang Macko / Wolfgang Wergen

Das Modul Lesetechniken – mit der sog. Lesekarte als zentralem Bestandteil - wurde von Rebecca Drommler und Matthias Knopp als konkretes Werkzeug zur Textbearbeitung entwickelt. Seinen Ursprung findet es im Rahmen des Lesemoduls von Wolfgang Macko und Wolfgang Wergen. Dieses geht auf das Unterrichtsprojekt „Arbeitstechniken" am Berufskolleg Jülich zurück. Die Bezeichnung *Modul* weist auf die Besonderheit dieses Förderkonzeptes hin: Es bildet eine in sich geschlossene Funktionseinheit, das aber auch im Rahmen anderer Unterrichtsentwürfe und -konzepte eingesetzt werden kann, beispielsweise im Rahmen eines Schreibmoduls.

Didaktischer Ansatz

Der Entwicklung sowie dem Einsatz liegt eine konstruktivistisch geprägte Auffassung von Lernen und Lehren zugrunde. Demnach ist Lernen ein aktiver und konstruktiver Prozess, wonach Lernen ein situations- und kontextgebundener sowie selbst gesteuerter und sozialer Prozess ist. Das lernende Subjekt wird dabei als „Experte seiner selbst" betrachtet.[1] Die Tätigkeit *Lesen* wird dabei, wie in Kap. 2 skizziert, als aktiver Prozess der Bedeutungs(re-)konstruktion verstanden, als Prozess der Interpretation, bei dem der Leser mit Hilfe seines Welt- und Sprachwissens versucht, sich die Bedeutung eines Textes zu erschließen. Wichtig erscheint dabei eine pragmatische Orientierung auf das Lesesubjekt: Didaktisch gilt es, den Lernenden die Möglichkeit des selbstbestimmten bzw. selbstorientierten Lesens zu eröffnen. Es ist also entscheidend, die im folgenden dargestellte Auswahl an Lesetechniken nicht als die einzig richtige zu vermitteln, sondern eine individuelle Auswahl zu fördern. Maßgeblich sind die bewusste Wahl der Lernenden sowie das Wissen um die verschiedenen Lestechniken (vgl. Klotz 2003, 549). Dabei muss vermittelt und bewusst gemacht werden, dass die Erschließung der Bedeutung etwa eines Fachtextes Arbeit am Text bedeutet. Bereits Teil eins des Lesemoduls *Lesetechniken* („Texte kann man aus unterschiedlichen Gründen lesen: um […]") zielt auf die Einsicht, dass Lesen immer mit einer Absicht verbunden ist.

Im Modul wurde eine Fokussierung auf den Aspekt „Lernen aus Texten" vorgenommen. Mit dieser soll auch das Problembewusstsein der Schüler/innen für ihre Situation gefördert werden. Zudem wird auf Vorkommen und Vielfalt unterschiedlicher Textsorten hingewiesen und die Wichtigkeit der Textsortenkenntnis betont. Die vermittelten Lesestrategien und -techniken sollen möglichst auf authentische Texte aus dem Berufsalltag der Schüler/innen angewendet werden, um durch Alltagsnähe und Anpassung an die Erfordernisse des Berufs die Lesemotivation zu fördern. Trotz der zumeist knapp bemessenen Zeit für den Deutschunterricht an Berufskollegs (maximal zwei Stunden pro Woche) sollte das Modul mit den Schüler/innen bei der Einführung ausführlich erläutert werden. Optimal wäre - im Sinne der oben erwähnten konstruktivistischen Orientierung - eine gemeinsame Erarbeitung des Moduls im Unterricht. Ziel bei der Entwicklung des Moduls sollte (und konnte!) nicht die Erarbeitung völlig neuer Konzepte zur Leseförderung sein. Vielmehr ging es um die Einbeziehung, Nutzung und Kombination bereits bewährter Konzepte.

Entwicklung der Lesekarte

Die Auswahl und Kombination einiger weniger Techniken ermöglicht - und dies wurde als Ziel formuliert - den fächerübergreifenden Einsatz in der Praxis. Dementsprechend soll sich die *Lesekarte* sowohl für den Einsatz in separaten Projekten zur Leseförderung als auch für den regulären (Fach-)Unterricht eignen. Konkret wurden folgende Techniken einbezogen, adaptiert und einheitlich tituliert:

---

[1] Vgl. dazu exemplarisch Voß (2002) oder Reich (2002).

Lesetechniken

0. Nummerierung der Zeilen des Textes in Fünferschritten

1. Lesevorbereitung

> 1) Mit welchem Ziel will ich den Text lesen?   (Leseabsicht)
> 2) Was weiß ich bereits über das Thema?   (Vorwissen)
> 3) Was kann ich von diesem Text erwarten?   (Leseerwartung)

2. Orientierendes/ überfliegendes Lesen

> 1) **Orientierungshilfen:** Klappentext, Inhaltsverzeichnis, Überschriften, Hervorhebungen, Grafiken, erste Sätze
> 2) **W-Fragen:** Wer? Wann? Wo? Was? Wie? Warum?
> 3) **Ergänzungsfragen:** Wovon? Welches Vorwissen? Weiteres Wissen?

3. Gründliches Lesen

> 1) **Wichtige Textstellen:** Kerngedanken, Definitionen, Schlüsselwörter
> 2) **Unklare Textstellen:** unbekannte Wörter, unverständliche Satzstrukturen, Zweifelhaftes
> 3) **Markierungszeichen:** siehe Rückseite

4. Lernendes Lesen

> Das Gelesene schriftlich festhalten; aktive Auseinandersetzung mit dem Text

Abbildung 6: Lesekarte für Lernende (Ansicht Vorderseite)

Markierungszeichen

Strich/	_____,	wichtig
Buchstaben:	+ gut	
	- schlecht	
Ziffern:	1, 2, 3, 4, 5, ...	Aufzählung
	a, b, c, d, e, ...	Gliederungspunkte
Symbole:	? unverständlich / unklar	
	! wichtig	
	:? Autor/in stellt Frag(en)	
Stichworte:	**KA** Kernaussage	
	Def. Definition	
	Bsp. Beispiel	
	vgl. vergleiche Aussage, Seite, Abschnitt usw.	
	[zusammenfassen von Aussagen, Abschnitten usw.	

Abbildung 7: Lesekarte für Lernende (Ansicht Rückseite)

Besonders wichtig erscheint - insbesondere hinsichtlich des fächerübergreifenden Einsatzes - die einheitliche Bezeichnung der Techniken (sowie deren Konsistenz und einheitliche Repetition). In der einschlägigen Literatur mögen sich andere oder ähnliche Begriffe für die gleichen Techniken finden; die Spanne reicht beispielsweise vom kursorischen über das diagonale bis zum überfliegenden Lesen; hier steht jedoch das einheitliche Begriffsinstrumentarium im Vordergrund, auch wenn dabei Nuancen verloren gehen mögen.

Die Lesekarte - idealiter doppelseitig gedruckt und laminiert - soll von den Schüler/innen quasi als *Lesezeichen* in jedem Unterrichtsfach – im Sinne eines fächerübergreifender Ansatz – genutzt werden und damit in der konkreten Unterrichtssituation ständig verfügbar sein. Die Lesekarte gibt jedoch allein die Essenz des detaillierten Begleitmaterials zur Nutzung der verschiedenen Lesetechniken (siehe die Punkte 1 - 4 in Abbildung 6) wieder; das Begleitmaterial enthält ausführliche Hinweise zur Handhabung der Lesekarte und Lesetechniken (s. Anhang).

Die meisten heute bekannten Lesestrategien gehen auf das prominente SQ3R-Modell von Robinson (1946) zurück, das in Kap. 2.9 vorgestellt wurde. Das Modul Lesetechniken setzt sich aus lesergeleiteten Primärstrategien und Stützstrategien zusammen. Wie oben erwähnt, besteht das Ziel des Moduls in der Vermittlung basaler Lesetechniken; damit sind - entgegen der in der Psychologie vorherrschenden Auffassung von *basal* als automatisch ablaufendem und der bewussten Kontrolle nur schwer zugänglichem Prozess - elementare Lesestrategien gemeint, die größere Einheiten betreffen. Damit lässt sich der Bezug zum Begriff des *Textlesens* herstellen, nämlich dem Erschließen und Verarbeiten satzübergreifender Zusammenhängen. Nach Aust wird dieses Niveau nicht automatisch am Ende der Entwicklung der basalen Lesefähigkeit (im Sinne einer grundlegenden, elementaren Lesekompetenz) erreicht, sondern stellt einen neuen, einzigartigen Entwicklungsabschnitt dar (vgl. Aust 2003, 525). Weiter ist festzuhalten, dass sich das „Feld des Lesens" weit erstreckt, nämlich

> „[…] a) von einfachen zu hochkomplexen, b) von alltäglichen zu hochspezifischen, c) von simpel ausgeführten zu ästhetisch gestalteten Texten und d) von pragmatischen zu literarischen Texten. Im Zeitalter der neuen Medien sind e) kontinuierliche von diskontinuierlichen Texten ebenso zu unterscheiden wie f) Texte im Verbund mit anderen Zeichenensembles, also etwa Grafiken, Statistiken, Bildmaterial, etc." (Klotz 2003, 548)

Verschiedene Lesetechniken können den Zugang bzw. das Verstehen verschiedener Texte erleichtern. Nach Klotz soll

> „[…] unter Lesetechnik eine bewusst verfügbare, werkzeughafte Vorgehensweise beim Lesen von Texten verstanden werden, die in gerichteter Weise zum Verständnis, zum Gebrauch oder zum Beschreiben, Analysieren und Deuten von Texten eingesetzt wird. Dabei haben Lesetechniken nicht lediglich den Zweck, das Verstehen von Texten zu optimieren. Vielmehr sind die jeweils verwendeten Lesetechniken von spezifischen Lesezielen abhängig. Das bewusste Wählen eines Leseziels ist selbst Teil einer funktionalen Lesetechnik." (Klotz 2003: 549)

Das Modul wurde in zwei Versionen für drei Adressatengruppen entwickelt. Version eins ist für die Schüler/innen der Berufskollegs bestimmt; Version zwei enthält ergänzende, farblich abgesetzt Hinweise und Literaturhinweise und richtet sich sowohl an die Fachlehrer Deutsch als auch an die Kolleg/innen der anderen Fachbereiche, es ist ansonsten aber identisch mit der Schülerversion.

Lesetechniken

Im Folgenden soll nun auf Schüler-Version (Lesetechniken für Schüler und Schülerinnen) eingegangen werden. Einleitend wird den Schüler/innen verdeutlicht, weshalb die aufgeführten Techniken für sie von Bedeutung sind und welche Handwerkszeuge sie benötigen. Um die verschiedenen Lesetechniken und -strategien leicht anwenden zu können, werden sie nach einem ähnlichen Schema dargelegt. Zunächst wird dem Lernenden die Funktion der entsprechenden Technik bzw. Strategie erläutert. Damit werden v.a. die Beweggründe des Lesens hervorgehoben, weniger die Formen des Lesens (vgl. Aust 2003). Anschließend werden die entsprechenden Vorgehensweisen in Form von Hinweisen und stützenden Fragen formuliert. Am Schluss jeder Lesetechnik wird kurz das angestrebte Resultat dargestellt. Um dem Nutzer des Moduls eine schnelle Orientierung zu ermöglichen, wurden auf der linken Seite folgende Symbole verwendet:

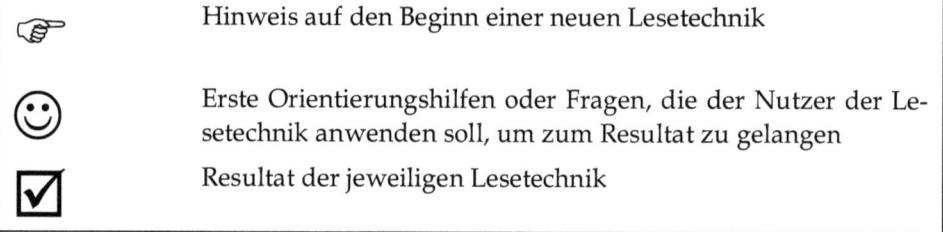

Im Folgenden werden die aufgeführten Lesetechniken näher erläutert.

0. Zeilennummerierung

Die Nummerierung der Zeilen des zu lesenden Textes in Fünferschritten wird bei Bedarf durchgeführt. Sie bietet sich beispielsweise an, um den Leser/innen die Angst vor dem Text zu nehmen. Implizit weist sie auf die Wichtigkeit der Anschlusskommunikation hin und erleichtert die Orientierung im Unterrichtsgespräch.

1. Die Lesevorbereitung

Diese Technik zielt darauf ab, die Aufmerksamkeit durch das Aktivieren des Vorwissens auf wichtige Aspekte des Textes zu lenken. Zum besseren Verständnis des Textes ist die bewusste Auseinandersetzung mit dem Lese-Ziel von großer Bedeutung. Da die Leser/innen sich schon vor dem Lesen mit der Frage beschäftigen, was sie aus dem Text lernen wollen bzw. was sie vom Text erwarten können, wird die Aufmerksamkeit gezielt auf wichtige Aspekte des Textes gelenkt. Die drei Fragen zur Lesevorbereitung sollen helfen, Leseabsicht, Vorwissen und Leseerfahrung bewusst zu machen und aufeinander abzustimmen.

2. Das orientierende / überfliegende Lesen

Diese Lesetechnik ist eng mit der ersten verknüpft. Hier geht es auf dem Hintergrund des Vorwissens darum, sich einen schnellen Überblick über den Text zu verschaffen. Mittels erster Orientierungshilfen, z.B. dem Lesen markanter Stellen wie Klappentext, Überschriften, Grafiken u.ä., und den so genannten W- und Ergänzungsfragen verschafft sich der Leser einen Überblick und macht sich bewusst, was er erwarten kann. Voraussetzung hierfür ist eine Vorstellung darüber, was man als Lernender sucht, damit eine Entscheidung getroffen werden kann, ob sich ein gründliches Lesen des entsprechenden Textes überhaupt lohnt. Die W- und Ergänzungsfragen dienen als konkrete Hilfe und sollen den Lernenden bei einer Orientierung über die im Text enthaltenen Informationen leiten.

3. Das gründliche Lesen

Diese Lesetechnik stellt die gründlichste Form des Lesens innerhalb des Moduls dar. Es handelt sich hierbei um eine primäre Strategie zur Erschließung des Bedeutungsinhalts, die zum Verständnis des Textes und seiner Zusammenhänge führt. So dient das Markieren wichtiger Textstellen, wie beispielsweise Definitionen, Kerngedanken und Schlüsselwörter, dem aktiven und konzentrierten Lesen eines Textes. Neben dem Markieren wichtiger Textstellen ist auch das Markieren unklarer Textstellen relevant, da sich die Lernenden somit eher mit unbekannten Begriffen / Wörtern, unverständlichen Satzstrukturen und Zweifelhaftem beschäftigen, statt diese – wie oft üblich – zu überlesen. Die aufgeführten Markierungszeichen stellen – wie die Orientierungshilfen und Fragen beim orientierenden / überfliegenden Lesen – eine begrenzte und nicht zwingende Auswahl dar, die jederzeit ergänzt und verändert werden kann.

4. Lernendes Lesen

Die zuletzt aufgeführte Lesetechnik betont die Funktion des heuristischen Lesens, des Wissen bildenden Lesens. Um das Gelernte nach dem Lesen nutzen zu können, ist eine schriftliche Fixierung der (re-)konstruierten Bedeutung wichtig. Dies kann z.B. in Form einer Zusammenfassung erfolgen. Durch das Formulieren des Gelesenen mit eigenen Worten erfolgt eine Verknüpfung mit dem Vorwissen, sodass sich das Gelesene besser in das Gedächtnis einprägt.

Aufbau der Lesekarte

Nach der gemeinsamen Erarbeitung des Moduls im Unterricht ist die Nutzung der Lesekarte für das selbstständige Lesen, den Einsatz in Projekten zur Leseförderung als auch für den regulären (Fach-)Unterricht geeignet, da diese in verkürzter Form die einzelnen Lesetechniken und verschiedenen Markierungszeichen darstellt. Die Lesekarte kann in der vorliegenden Form verwendet werden, kann aber auch nur als Anregung für eigene Entwicklungen begriffen werden. So ist es möglich, dass die Lernenden eine solche Lesekarte im Rahmen des Deutschunterrichts entwerfen, wodurch eine intensivere Auseinandersetzung mit den Lesetechniken und -strategien ermöglicht wird.

Die Hinweise auf der Lesekarte dienen dem schnellen Zugriff, indem Fragen, die sich die Lernenden stellen können, und Resultate, die mit den Techniken erzielt werden sollen, aufgegriffen werden. Eine individuelle Auswahl der verschiedenen Techniken und verwendeten Markierungszeichen führt im Idealfall zu einer bewussteren Anwendung. Im folgenden Abschnitt wird auf die Anwendung des Moduls Lesetechniken in einem der beteiligten Berufskollegs exemplarisch eingegangen.

Erfahrungsbericht zum Modul Lesetechniken

Im Rahmen der Leseförderung wurden in einer Klasse Kfz-Mechaniker verschiedene Texte aus der ausbildungsbegleitenden Fachzeitschrift „Autofachmann" bearbeitet. Ausgangspunkt der Bearbeitungen war eine Gebrauchsanleitung für den Umgang mit Texten. Mit Hilfe dieses Textes fertigten die Schüler/innen zunächst individuelle Spickzettel an, die wesentliche Hinweise zu Werkzeugen und Vorgehensweisen der Textbearbeitung beinhalteten (individuelle Auswahl). Die Besprechung dieser Spickzettel führte zu einer gemeinsamen Vorlage, die im Wesentlichen mit den Lesetechniken und Markierungszeichen der Lesekarte übereinstimmte. Zur Bearbeitung der Fachtexte wurde dieser Spickzettel dann weiter verwendet.

Zunächst wurden die Schüler/innen sehr eng anhand dieser Vorgabe geleitet, um sie beim Lernen mithilfe von Fachtexten zu unterstützen. In ihrer Rolle als Lernende nahmen sie die Lesestrategien als Problemlösung für die Aneignung von Fachtexten durch das Lesen von Fachtexten interessiert auf. Insbesondere das zunächst banal erscheinende Nummerieren der Textzeilen hatte den erstaunlichen Effekt, dass die Schüler/innen ihre Hemmung gegenüber einem Text schnell und leicht aufgeben konnten.

Um das Leseinteresse der Schüler/innen zu fördern, wurden die lesevorbereitenden Fragestellungen zu Vorwissen (Mindmap) und Leseabsicht (Ist der Text geeignet, mein Wissen zu ergänzen?) gemeinsam behandelt. Die weitere Bearbeitung des Textes schloss sich an, gestützt durch von den Schüler/innen selbst aufgeworfene Fragen und einen vorbereiteten aufgeworfene Fragen und einen vorbereiteten Fragenkatalog zum Text. Bei der Ergebnisbetrachtung zeigte sich, dass viele Antworten mit konkreten Textbezügen auf eine Anwendung verschiedener Lesetechniken zurückzuführen waren.

Im Anhang finden sich die Lesekarte in der Version für Lehrende sowie der Beispieltext „Leichte Bleche für schnelle Autos", auf den sich die folgenden Leseaufgaben beziehen:

1.   a)   Wer erforscht den Einsatz von Sandwich-Blechen im Automobilbau?

     b)   Welche Eigenschaften hat die Sandwich-Bauweise?

     c)   Durch welche Verfahren muss das bisherige Schweißen der Bleche ersetzt werden?

2.   a)   Inwiefern kann der Einsatz der Sandwich-Bauweise in der Automobilindustrie einen Beitrag für die Umwelt leisten?

     b)   Zeichne und beschrifte eine Skizze, die den Aufbau eines Sandwich-Bleches darstellt.

3.   a)   Wozu können Sandwich-Bleche in Zukunft noch verwendet werden?

     b)   Um wie viel Kilometer erhöht sich die Reichweite eines Fahrzeuges mit einem Verbrauch von 7,5 l auf 100 Kilometern und einem Tankvolumen von 75 l, wenn es zu 2 Drittel betankt ist? Rechne mit Probe!

     c)   Kreuze an, in welchen Bereichen das Sandwich-Konzept bereits Verwendung findet:

☐ Flugzeugbau	☐ Lebensmittelindustrie	☐ Hallenbau
☐ Hausbau	☐ Kleidungsindustrie	☐ Automobilbau
☐ Modellbau	☐ Verpackungsindustrie	☐ Brückenbau
☐ Möbelbau	☐ Gerüstbau	

     d)   *Beschreibe ein Beispiel aus deinem Erfahrungsbereich.*

     e)   *Welche Frage hast du an deinen Fachlehrer bzw. Ausbilder im Betrieb? (als Ergänzungsfragen)*

3.2   Lesewoche

Susanne Mertens-Eymael / Helga Carduck

Für angehende Einzelhandelskaufleute ist eine weitreichende Lesekompetenz einerseits im schulischen Bereich (Schulbücher, Arbeitsanweisungen, Arbeitsblätter usw.) sowie andererseits auch im Umfeld des Ausbildungsbetriebes (Lieferscheine, Gebrauchsanleitungen, Pflegehinweise, Informationen zu Inhaltsstoffen, Kundenbriefe usw.) notwendig. Mit dieser Zielsetzung wurde eine Unterrichtsreihe als *Projekteinheit* entwickelt, mit der eine abgestufte Förderung der Lesekompetenz im Bereich unterschiedlicher Kompetenzstufen erreicht werden soll. Die Lesewoche wurde im Bereich des Einzelhandels entwickelt und diente als Ausgangspunkt für die Implementierung der Leseförderung in anderen Bildungsgängen.

Rahmenbedingungen

Das Lesetraining wurde ganztätig in zwei Unterstufenklassen an den beiden Berufsschultagen jeweils 5-stündig durchgeführt und von zwei Kolleginnen betreut. Der reguläre Stundenplan war damit aufgehoben. Alle für die Textarbeit notwendigen Materialien (Stifte, Plakate, Arbeitsblätter usw.) wurden vor Beginn der ersten Projektsequenz in den jeweiligen Klassenräumen bereitgestellt, die für beide Tage zur Verfügung standen, sodass die bearbeiteten Materialien, Plakate usw. durchgängig verfügbar waren.

Einführung in die Lesewoche

Als Einstieg in die Arbeitsphase der Leseförderung diente eine Punkteabfrage zur Einstellung der Schülerinnen und Schüler zum Thema Lesen, um bei ihnen eine Reflexion über die eigenen Leseerfahrungen und -gewohnheiten sowie die Vorlieben und Abneigungen anzuregen. Hierbei waren Offenheit und Ehrlichkeit gefragt. Besondere Auffälligkeiten bei der Punkteabfrage oder bei den Äußerungen zum Leseverhalten boten Anlass für intensivere Gespräche. Es zeigte sich erwartungsgemäß der hohe Stellenwert dieser Einstiegsphase bezüglich der Motivation für die Thematisierung des Lesens und die Bereitschaft sich auf das Lesetraining einzulassen.

Mögliche *Leitfragen* dieser Phase:

- Warum ist Lesen so wichtig für mich?
- Wo brauche ich diese Fähigkeiten?
- Wo lese ich denn überhaupt? Wo m u s s ich lesen?
- Welche Anforderungen werden beim Lesen an mich gestellt?
- Mit welchem Ziel lese ich etwas?
- Was lese ich gerne / nicht gerne?
- Was fällt mir beim Lesen leicht / schwer?
- usw.

Schnell erkannten die Schülerinnen und Schüler während der Gespräche selbstständig die unterschiedlichen Lesetechniken wie überfliegendes und gründliches Lesen. (vgl. 3.1 Lesekarte) . Auch die verschiedenen Intentionen, mit denen
Texte gelesen werden, z.B. zur Entspannung oder zur Information, wurden hier
bereits angesprochen.

Die Lesemappe

Die mit Materialien zur gezielten Leseförderung zusammengestellte Lesemappe greift die Lesetechniken in logisch aufbauender Reihe auf und fördert so die
Erweiterung der Lesekompetenz. Als Fundament dient die *„Lesekarte"* (s. 3.1)
mit den wichtigen Tipps zum Lesen und Bearbeiten von Texten. Weiterhin enthält die Lesemappe Übungsmaterialien, z.B. zum Auffinden von Schlüsselbeg-
riffen oder Kerngedanken, zum Schnell- bzw. überfliegenden Lesen, zur Text-
vorbereitung durch Arbeitstechniken wie Unterstreichen und Spickzettel-
schreiben usw. Allen Arbeitseinheiten ist ein entsprechender didaktischer
Kurzkommentar vorangestellt, der die wesentlichen Aspekte der Aufgabe um-
reißt und (auch für Kolleginnen und Kollegen) Hinweise zur Umsetzung der
Sequenz liefert. Zu den Übungen und Arbeitsanweisungen gehören auch methodische Elemente wie z.B. Puzzle, die nach unserer Erfahrung mit viel Spaß
von den Schülerinnen und Schülern erarbeitet werden. Allerdings bleibt beim
Thema Lesen das Arbeits- oder Textblatt zunächst noch das wichtigste Ar-
beitsmittel und kann bei vermehrtem Einsatz auch zu Kritiken seitens der Schüler führen.

Die Lesemappe ist jedoch so flexibel in der Anwendung, dass jederzeit die
vorgegebenen Arbeitsblätter durch Zusatzaufgaben und -übungen ergänzt
werden oder einzelne Sequenzen separat verwendet werden können. Die
Zielsetzung der Leseförderung bleibt dabei die Richtlinie. Bei den
verschiedenen Übungen und Aufgaben hat es sich bewährt, immer wieder auch
die *„Lösungsstrategie"* der Schülerinnen und Schüler zu thematisieren. Dabei
entwickelt sich schnell die Einsicht, dass Texte Signale / Leitelemente
beinhalten, die das Lesen erleichtern und bei der nächsten Übung schon
beachtet werden können. Diese Handlungsorientierung unterstützt zugleich die
Nachhaltigkeit des Lernerfolgs. Alle Aufgaben können in der
Anschlusskommunikation von inhaltlicher oder methodischer Seite betrachtet
werden. Da alle Texte oder Übungen so gewählt sind, dass sie den
Lebensbereich der Schülerinnen und Schüler berühren, ist neben der
Betrachtung der lesetechnischen Schwerpunkte bei einzelnen Aufgaben
sicherlich immer auch eine inhaltliche Diskussion oder Weiterarbeit interessant.

Hinweis: Die Materialien unserer „Lesemappe" sind auf der Internetseite der
Universität zu Köln zur Sprachförderung einzusehen:

http://www.uni-koeln.de/ew-fak/Deutsch/sprachfoerderung

Durchführungsbeispiel

Das „Projekt Lesewoche" wurde erstmalig in der Woche vor den Herbstferien 2003 in zwei Unterstufenklassen an zwei Berufsschultagen jeweils 5-stündig durchgeführt. Ein früherer Zeitpunkt für die Durchführung der Projektphase ist nicht praktikabel, da bis ca. Ende Oktober (Ablauf der dreimonatigen Probezeit bei einem Ausbildungsbeginn im August) eine laufende Veränderung der Klassenstrukturen an der Tagesordnung ist. Anschließend an die Übungseinheiten haben wir die Schülerinnen und Schüler zu einer Evaluation aufgefordert.

Die folgende *Synopse* der zwei Berufsschultage à 5 Unterrichtsstunden soll als exemplarisches Beispiel für eine Durchführung dienen:

1. Tag

Arbeitsform	Ablauf	Medium	Geplante Zeit
0.	Allgemeine Informationen zum Projekt		5´
1. Einzelarbeit	Schüler auf einem Wandbild ihre Einstellung zum Lesen (ob viel / wenig bzw. ungern / gern) punkten lassen.	Plakat, Punkte	10´
2. Unterrichtsgespräch	Reflexion über Leseerfahrung (zu 1.)		15´-20´
3. Partnerarbeit	Silbenpuzzle (Tipps und Arbeitstechniken wie auf der Lesekarte, s. 3.1) + Besprechung + Vorgehensweise	Arbeitsblatt, Folie	45´
4. Unterrichtsgespräch	„Lese-Karte" vorstellen	Lesekarte	
	P A U S E (ca. 20´)		
5. Einzelarbeit	Schlüsselbegriffe finden lassen + Besprechung	Arbeitsblatt, Folie	25´-30´
6. Gruppenarbeit	Anagramm zu L E S E N + Präsentation	DIN A3-Papier	20´
7. Einzelarbeit	Textbeispiel „LÄRM" mit dazugehörigen Fragen mit Hilfe der Lesekarte bearbeiten lassen (Text bzw. Bearbeitung der Fragen wird von der Lehrerin/dem Lehrer eingesammelt und kommentiert)	Arbeitsblatt	45´

2. Tag

	Arbeitsform	Ablauf	Medium	Geplante Zeit
1.	Unterrichts-gespräch	Besprechung zum Textbeispiel „LÄRM"		30´
2.	Einzelarbeit	Zwischen-Überschriften suchen zum Textbeispiel: „Freundschaft und Liebe am Arbeits-platz" + Besprechung und Auswertung der Ü-berschriften	Arbeits-blatt	40´
3.	Partnerarbeit	Übung: Puzzeln zum Textbeispiel „Han-dy" (Webmiles sammeln)	Arbeits-blatt, Folie	30´
		P A U S E (ca. 20´)		
4.	Einzelarbeit	Überfliegendes Lesen Übung + Besprechung + Auswertung der Lösungsstrategie	Arbeits-blatt, Folie	10´
5.	Einzelarbeit	Überfliegendes Lesen Übung: „Rechnung" + Besprechung	Arbeits-blatt, Folie	5´ 5´
6.	Partnerarbeit	Geheimschrift entziffern + Kurzbesprechung	Arbeits-blatt	10´
		PAUSE (ca. 10´)		
7.	Einzelarbeit	Spickzettel anfertigen lassen zu einem Fachtext (Einsatz Lesekarte) + Test	Arbeits-blatt	45´
8.	Einzelarbeit	Evaluation (Fragebogen)	Arbeits-blatt	10´

Als besonders wertvoll hat sich für uns die *Lesekarte* erwiesen. Insbesondere ist hervorzuheben, dass sie den Schülerinnen und Schülern bei der Textarbeit zur Selbstverständlichkeit wurde und sie diese auch in anderen Fächern einsetzten. Folglich werden damit auch die Fachkolleginnen und -kollegen in die Leseförderung einbezogen.

Ein *„Leseplakat"* mit den wichtigsten Tipps, das von den Schülerinnen und Schülern erstellt wurde und im Klassenraum blieb, ist ebenfalls ein wichtiges Hilfsmittel um eine erste Nachhaltigkeit zu erreichen.

Evaluation

Die Evaluation ergab, dass die Schülerinnen und Schüler das Projekt als positiv und fördernd bewerteten. Auch aus unserer Sicht ist der Verlauf des Projekts positiv zu bewerten: Die Arbeitsphasen verliefen konstruktiv und konzentriert. Es wurde für einen Großteil der Schülerinnen und Schüler selbstverständlicher, Arbeitstechniken beim Lesen einzusetzen, die gleichzeitig auch das Textverständnis fördern. Dem Schülerwunsch entsprechend haben wir uns für weitere Durchführungen des Lesetrainings in den Unterstufen um Texte bemüht, die noch mehr Schülernähe - beruflich oder privat - haben.

Eine weitere Arbeitsperspektive ist für uns derzeit die Gestaltung eines Textpools mit Texten unterschiedlicher Anforderungsprofile, sodass die Schülerinnen und Schüler die Möglichkeit haben, individueller zu arbeiten. Auch die Fragen zu den einzelnen Texten werden dahingehend differenziert. Für einzelne Schülerinnen und Schüler könnte eine andere Zeitvorgabe motivierend wirken. Unter Umständen kann sogar im Sinne der Schülerautonomie bei Lernprozessen an eine durch die Schüler (möglicherweise in kleineren und annähernd leistungsgleichen Gruppen) selbstgesteuerte und -organisierte Ablauffolge der Übungen gedacht werden. Dies wird in unserer weiteren Arbeit diskutiert, überdacht und – soweit möglich – realisiert.

Für den nächsten Jahrgang wurde wegen der Umstellung des Lehrplans auf Lernfelder nicht die Form des Projekts gewählt, sondern das Konzept der Leseförderung als integraler Bestandteil des Deutschunterrichts in der Unterstufe realisiert.

3.3 Handlungsorientierte Vermittlung von Lesekompetenz

Erhard Kusch

Ausgehend von der Analyse exemplarischer Handlungsfelder, die insbesondere die Arbeit in der Berufswelt betreffen, sowie auf der Grundlage eines konstruktivistischen Lernbegriffs entsprechend dem Ansatz, wie er im vorangegangenen Kapitel aufgezeigt wird, wurde in der curricularen

Entwicklung der beruflichen Bildung der Kompetenzbegriff als Zielgröße des didaktischen Handelns konkretisiert und erweitert. Dies erfolgte im Hinblick auf Konkretisierung der Kompetenz als Zielperspektive, zugleich wurde die Einbindung der Kompetenzförderung in systematisch dahingehende Arbeits- und Lernprozesse konkretisiert. Die Ergebnisse dieser Auseinandersetzung schaffen die Grundlage für die im Berufskolleg zu vermittelnde allgemeine Handlungskompetenz, sie bieten zugleich geeignete didaktische Perspektiven für eine zielgerichtet handlungsorientierte Förderung der Lesekompetenz.

Die Konkretisierung des Kompetenzbegriffs umfasst zum einen die Einbindung in eine umfassendere Vorstellung von der Beziehung zwischen dem Faktenwissen, den Fähigkeiten und den Kompetenzen im Sinne des folgenden Modells:

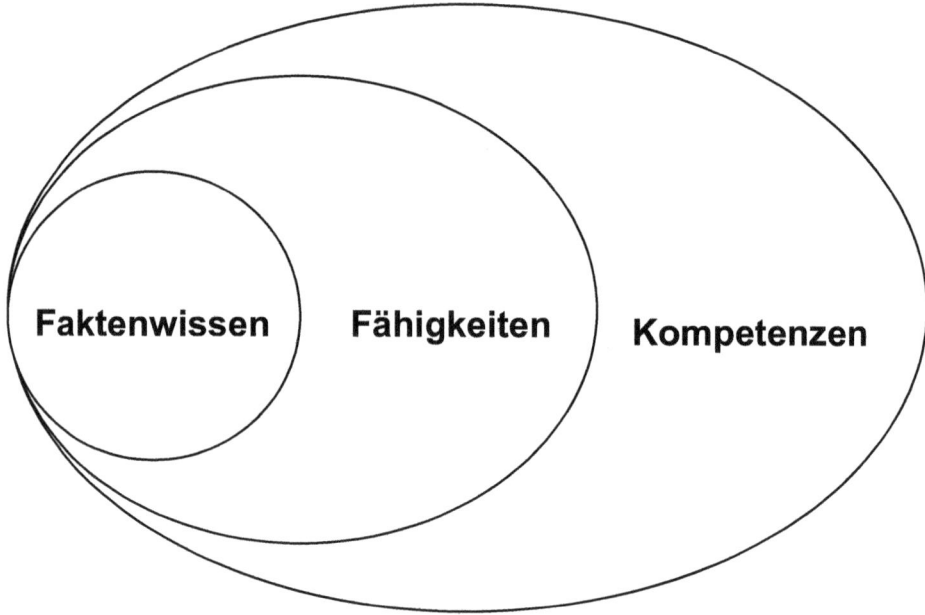

Abbildung 8: Kompetenzmodell

Kompetentes Handeln setzt somit voraus, dass der Mensch über das notwendige Faktenwissen verfügt und dass er dies einbindet in seine Fähigkeiten, um Aufgaben qualifiziert lösen und bewältigen zu können. Das Modell verdeutlicht aber, dass kompetentes Handeln darüber hinausreicht, indem es eine bewusste Ausrichtung auf persönliche Dispositionen und Einstellungen sowie auf soziale Rahmenbedingungen voraussetzt und einfordert.

Bezogen auf die gezielte Förderung der Lesekompetenz bedeutet dies, dass die Arbeits- und Lernprozesse systematisch und gezielt auch darauf ausgerichtet werden müssen, ausgehend von den bestehenden Lernvoraussetzungen der Auszubildenden das erforderliche Faktenwissen zum Lesen zu vermitteln. Die Schüler/innen müssen zum Beispiel wissen, wie das Lesen funktioniert, was förderlich und was behindernd ist und durch welche Verfahren der Leseprozess aktiv unterstützt werden kann. Die dahingehenden Prozesse des Lernens müssen so gestaltet werden, dass die Schüler/innen als ein Ergebnis auf der Ebene des Faktenwissens die relevanten Begriffen und Strukturen konkret für sich ableiten.

Auf einer weiteren Ebene muss der Unterricht daraufhin angelegt sein, dass sie ihre Fähigkeiten weiterentwickeln, um relevante Inhalte von Texten in einer angemessenen Zeit für sich zu erschließen. Hier ist es erforderlich, dass im Unterricht nicht nur die neu erschlossenen Fachinhalte ausgewertet werden, sondern dass sich die Schüler/innen in einem weiteren Schritt in der Auswertung auch den Leseprozess selbst bewusst machen und die dahingehenden Probleme und die neu gewonnen Erfahrungen konkretisieren. Nicht zuletzt bedarf es auf der Ebene der Lesefähigkeit der beständigen Übung im Deutschunterricht, aber auch und insbesondere im gesamten übrigen Fachunterricht.

Auf einer dritten Ebene müssen die Auszubildenden lernen, sich bewusster mit den individuellen und sozialen Dispositionen, Motiven und Einstellungen zum Lesen auseinanderzusetzen und hierdurch in einem interaktiven Lernprozess die Voraussetzung schaffen, um immer zielgerichteter und systematischer zu lesen und ihre dahingehende Kompetenz und die individuelle Einstellung dazu sukzessive weiterzuentwickeln. In diesem Sinne reicht kompetentes Handeln über Faktenwissen und die Fähigkeiten hinaus, indem es eine bewusste Ausrichtung auf persönliche und auch soziale Voraussetzungen, Erwartungen und Einstellungen beinhaltet und einfordert. Dies umschreiben die curricularen Vorgaben für das Fach Deutsch / Kommunikation für die Berufsschule mit Verweis auf die Ausbildungs- und Prüfungsordnung für das Berufskolleg wie folgt:

> „Das Berufskolleg vermittelt den Schüler/innen eine umfassende berufliche, gesellschaftliche und personale Handlungskompetenz und bereitet sie auf ein lebensbegleitendes Lernen vor. Es qualifiziert die Schüler/innen, an zunehmend international geprägten Entwicklungen in Wirtschaft und Gesellschaft teilzunehmen und diese aktiv mitzugestalten." (Ausbildungs- und Prüfungsordnung Berufskolleg (2000))

Der dahingehende Kompetenzbegriff beinhaltet fünf miteinander verzahnte Kompetenzbereiche im Sinne des folgenden Modells:

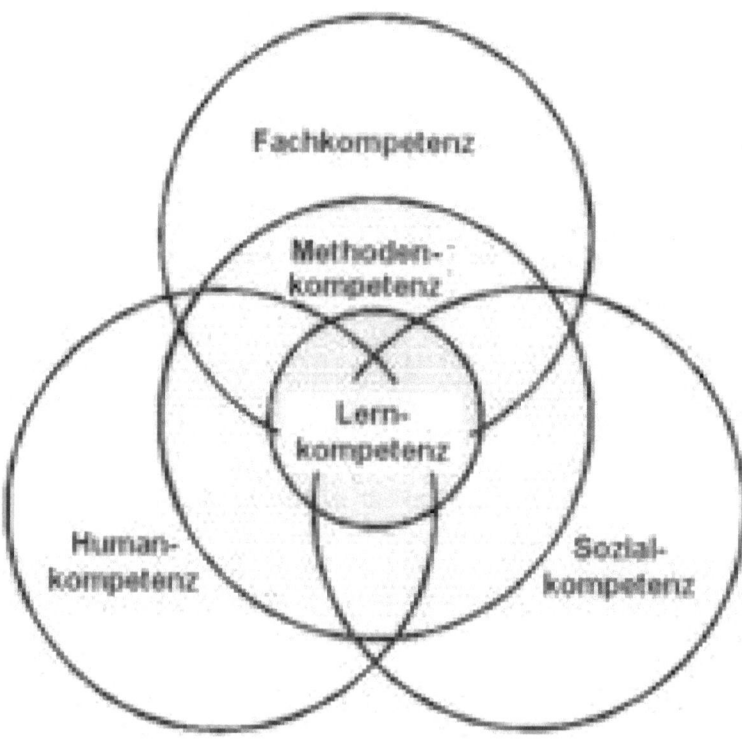

Abbildung 9: Kompetenzbereiche

Die drei zentralen Bereiche der Fach-, Sozial- und Humankompetenz sind gekennzeichnet durch jeweils eigene Herausforderungen an den Menschen und
seine Dispositionen und Einstellungen und zugleich auch durch seine Grenzen
für ein zielgerichtetes systematisches Vorgehen und Lernen. In diesem Sinne
umschreibt das Modell den Ausgangspunkt des Lernens und die Zielebenen
der Kompetenzentwicklung. Es macht deutlich, dass es für die Schule wie auch
insgesamt notwendig ist, das jeweils relevante Faktenwissen zu lernen und es
einzubinden in die Entwicklung der erforderlichen Fähigkeiten, um die gestell-
ten Aufgaben und Probleme korrekt lösen zu können. In einem weiteren Schritt
muss das dahingehende Lernen ausgerichtet werden auf die zielgerichtete und
systematische Auseinandersetzung mit den spezifischen und zugleich eng miteinander verzahnten Anforderungen der fünf aufgezeigten Kompetenzbereit-
che. Dies gilt auch für die Vermittlung von Lesekompetenz.

Die Erfahrungen in der Berufsschule belegen, dass ein Problembewusstsein der
Schüler/innen hinsichtlich der eigenen Lesekompetenz besteht. Überwiegend
haben sie negative Erfahrungen hinsichtlich ihres Lese- und Schreibvermögens.

Sie können aber ihre konkreten Lese- und Schreibprobleme nur begrenzt verbalisieren. Dabei stellt das fehlende Textverständnis für die Schüler/innen zunächst mal gar kein Problem dar. Lesen wird nicht als produktive Arbeit erkannt und geschätzt.

Auf der Grundlage des dargestellten Modells geht eine handlungsorientierte - Gestaltung des Lese-Lernprozesses unter anderem von folgenden drei Prämissen aus:

- Lesekompetenz erwerbe ich, wenn es mir gelingt, mein passives fremdbestimmtes Lesen sukzessive zu einem aktiven Lesen weiterzuentwickeln, bei dem ich meine Leseziele und Lesemethoden selbst bestimme!

- Ich lese vorrangig das, was mich (zur Zeit) bewegt / interessiert!

- Ich lerne vorrangig aus dem, was mir hilft, meine Probleme zu lösen!

Angesichts der Vielschichtigkeit der Kompetenzvermittlung stellt sich die Frage nach einer geeigneten Struktur der Arbeits- und Lernprozesse, die die Komplexität der Kompetenzebenen und der dargestellten Prämissen abdeckt. Dies leistet eine handlungsorientierte Phasierung in Anlehnung an Piaget und Aebli. Für die Kompetenzvermittlung im Unterricht muss die Lesesituation die folgenden Anforderungen erfüllen:

- Im Mittelpunkt des Unterrichts stehen die konkreten, von den Schüler/innen selbst abgeleiteten Probleme (und nicht die Probleme der Lehrkräfte)!

- Im Mittelpunkt des Unterrichts steht das Erstellen eines Produkts durch die Schüler/innen!

- Die zu erstellenden Produkte sprechen die Schüler/innen an und fordern sie heraus!

- Die Schüler/innen werden als (angehende) Experten herausgefordert!

- Vorgegebene Texte sind nicht perfekt (und damit für die Schüler/innen erschlagend)!

- Die Auseinandersetzung mit den Texten im Unterricht ist für die Schüler/innen (dringend) erforderlich, um ein konkretes (berufsbezogenes) Problem zu lösen!

Der Aufbau der Lerneinheit umfasst den folgenden Aufbau, der exemplarisch im Hinblick auf die handlungsorientierte Vermittlung von Lesekompetenz und dahingehende erschließende Fragen dargestellt wird.

1.	**Phase der Assoziation und Problematisierung –** „Besinnen auf das Lesen"/-lernen
	Erschließende Fragen: • Was weiß ich bereits zum Thema? • Warum lese ich den Text? • Was wird mir beim Lesen des Textes Probleme bereiten? • Was wird mir Probleme bereiten bei der Ableitung von wesentlichen Inhalten? • …
2.	**Phase der Zieldefinition –** „Besinnen auf das Ziel" des Lesens
	Erschließende Fragen: • Was will ich durch das Lesen des Textes erfahren / können? • Zu welchen Punkten der Aufgabe erwarte / brauche ich Informationen? • Was will ich (beruflich) lernen durch das Lesen des Textes? • Was will ich gezielt verbessern / lernen im Hinblick auf meine Lesetechnik? • …
3.	**Phase der Prozessplanung** „Planen der Lektüre / des Vorgehens beim Lesen"
	Erschließende Fragen: • In welchen Schritten lese ich den Text? • Welche Maßnahmen treffe ich zur Erarbeitung des Textes? • Was tue ich, um die eingangs abgeleiteten Probleme zu bewältigen? • Woran erkenne ich, dass ich den Text hinreichend erfasst habe? • …
4.	**Phase der Durchführung** - „Lesen und Lernen aus Texten"
	Die Schüler/innen lesen den Text entsprechend der zuvor entwickelten Lesestrategie
5.	**Phase der Bewertung** - „Selbstprüfung der Ergebnisse" des Lesens
	Erschließende Fragen zum Inhalt:

	• Welche Informationen entnehme ich dem Text? • Welche Textstellen sind mir unverständlich geblieben? • Welche inhaltliche Gliederung erkenne ich in dem Text? • Wie lässt sich der Inhalt des Textes in einem (Schau-)Bild darstellen? • Welche wichtigen / neuen Informationen entnehme ich dem Text, (die für die Lösung meiner Aufgabe relevant sind)? • Woran erkenne ich, dass ich den Text hinreichend erfasst habe? • ... Erschließende Fragen zum Leseprozess: • In welchen Arbeitsschritten habe ich den Text gelesen? • Welche Methoden habe ich konkret genutzt, um den Text zu erarbeiten? • Welche Arbeitsschritte / Methoden haben geholfen, den Text zu verstehen? • Was hat mir konkret geholfen, um die eingangs abgeleiteten Probleme zu bewältigen? • ... Erschließende Fragen zum eigenen Lernprozess: • Welche Aspekte / Inhalte / Impulse des Textes sind mir besonders wichtig? • In welcher Weise berühren sie mein (berufliches) Leben und / oder meine Einstellungen dazu? • Wie verhält sich das, was ich beim Lesen des Textes neu erfahren habe, zu meinen Überzeugungen (im Beruf wie auch im Leben insgesamt)?
6.	**Phase der Sicherung -** „Selbstständiges Anwenden"
	Die Schüler/innen lesen andere Texte entsprechend der erweiterten Lesestrategie

Abbildung 10: Phasenmodell zur handlungsorientierten Vermittlung von Lesekompetenz

4   Leseförderung als Element der Schulentwicklung

Wie gehen die Berufskollegs damit um, wenn bei einer Analyse der basalen Lesekompetenzen von Auszubildenden aus unterschiedlichen Berufsfeldern bis zu zwei Drittel der Schülerinnen und Schüler nicht in der Lage waren, einfachste Aussagen aus einem halbseitigen Fließtext korrekt abzuleiten? Wie gehen sie damit um, dass den unterrichtenden Lehrkräften das Ausmaß dieser Leseschwäche weitgehend verborgen geblieben ist? – Denn viele Schülerinnen und Schüler haben zwar nicht gelernt, hinreichend fundiert lesen zu können, sie haben sich aber inzwischen Ersatzstrategien angeeignet, um auf ihre Weise mit Texten umzugehen. Ihre Leseschwächen sind ihnen selbst in der Regel nicht bewusst und dort, wo sie evident werden, verstehen sie es, diese mit Selbstbewusstsein und Geschick zu verdecken.

Die Leseschwäche geht in der Berufsschule und in den Betrieben zu Lasten der Fundiertheit und Genauigkeit bei der Auseinandersetzung mit beruflichen wie auch mit allgemeinbildenden Problemen und Inhalten. Mit immer mehr bunten Bildern in den Lehrbüchern begegnen die Schulbuchverlage dieser Entwicklung. Damit entlasten sie die Schülerinnen und Schüler, zugleich fördern sie aber unterschwellig den weiteren Rückgang der Lesekompetenz. Und auch das Internet birgt neben den faszinierenden Informationsmöglichkeiten zugleich die Gefahr, dass es mehr darauf ankommt, Texte zu Themen zu finden und weniger darauf, sich diese Texte dann auch durch aktives Lesen fundiert zu erschließen. Der damit einhergehende Mangel an Lesekompetenz behindert das individuelle und selbstständige Lernen der Auszubildenden. Ausgehend von diesen Überlegungen und unterstützt durch die Ergebnisse der PISA-Studie liegt es nahe, dass die vielbeklagten Ergebnisse in den Einstellungstests der Betriebe und die schlechteren Ergebnisse in den Abschlussprüfungen und die vorzeitigen Ausbildungsabbrüche auch auf das Fehlen basaler Lesekompetenzen zurückzuführen sind.

Eine lohnende Schulentwicklung setzt bei den Problemen an, die den Erfolg der schulischen Arbeit behindern. Und das Fehlen basaler Lesekompetenzen ist ein solches Problem, denn es mindert den Erfolg in der dualen Berufsausbildung der jungen Menschen. Dies zeigte schon lange vor der Veröffentlichung der PISA-Studie die Arbeit in den Berufskollegs. Die fundierte Erschließung fachlicher Inhalte aus Fachbüchern, Fachberichten und Produktinformationen, die darauf aufbauende Analyse von Parallelen, Entwicklungen und Kontrasten und deren Bewertung im Hinblick auf die Anforderungen in der Ausbildung und im Beruf bereiteten den Auszubildenden zunehmende Schwierigkeiten und behindern sie darin, in der Berufsschule und im Betrieb die notwendigen Erfolge zu haben. Dies ist Ursache für Frustration und Demotivierung bei den Schülerinnen und Schülern - und zugleich nicht selten auch bei den Lehrkräften, die mit ihnen arbeiten.

Im Rahmen des Kooperationsprojekts zeichnen sich verschiedene Ansätze ab, die geeignet sind, um in den Berufskollegs die Leseförderung als Ansatz zur systematischen Unterstützung der Qualität der pädagogischen Arbeit zu implementieren. Die im Folgenden aufgezeigten Strategien, die zur Implementierung in den beteiligten Berufskollegs erprobt wurden, reichen von der Idee, die Leseförderung unter Einbeziehung der Mitbestimmungsgremien und des Schulprogramms als Element der pädagogischen Arbeit zu implementieren und damit viele Lehrkräfte und die Schülerschaft zur Mitarbeit zu gewinnen, bis hin zu Ansätzen, wie die erfolgreiche Leseförderung in einem ausgewählten Bildungsgang gleichsam als Katalysator wirkt, um bei den Lehrkräften anderer Bildungsgänge dahingehendes Interesse und die Bereitschaft zur aktiven Unterstützung zu wecken. Es reicht gleichermaßen von der Entwicklung und vom Einsatz eines systematischen Diagnoseverfahrens bis hin zu dem prophylaktischen Angebot gezielter Leseübungen für alle Schüler/innen eines Bildungsgangs zu Beginn der Ausbildung. Das Diagnoseverfahren ist dabei darauf ausgerichtet, konkrete Aussagen zur Lesekompetenz jedes einzelnen Schülers im Rahmen der für den Beruf relevanten Textsorten machen zu können, und es schafft damit eine valide Grundlage für eine individuellere Förderung

Alle diese sehr verschiedenen Ansätze sind aus der gemeinsamen Arbeit innerhalb des Kooperationsprojekts entstanden. Die intensive gemeinsame Auseinandersetzung mit der Leseförderung im Berufskolleg und damit in einer Schule, in der eher die berufsbezogenen Inhalte und Methoden im Vordergrund stehen, hat erst die Brisanz dieses Förderbereichs deutlich gemacht. Ungeachtet der breiten Übereinstimmung, was die Ursachen und Folgen sowie die Förderansätze betrifft, sind die im Folgenden dargestellten Konzepte zur Implementierung sehr unterschiedlich angelegt. Diese Unterschiede haben ihre Ursache darin, dass die Bedingungen in den beteiligten Berufskollegs sehr unterschiedlich sind. So unterscheiden sie sich hinsichtlich der Organisations- und Kommunikationsstrukturen, die bei der Implementierung der Leseförderung berücksichtigt werden müssen. Nicht zuletzt gründen die Unterschiede der Implementierungsstrategien und deren Umsetzung auch darin, dass sie maßgeblich durch die Lehrer/innen eingebracht wurden, die in dem Kooperationsprojekt engagiert sind und die Implementierung entsprechend ihrer persönlichen Stärken in ihren Berufskollegs umsetzen. Dies macht deutlich, dass die dargestellten Ansätze eher als ein Steinbruch zu sehen sind, der Impulse für die Implementierung und Orientierungshilfen gibt. Ausgehend davon muss die Implementierung in jedem Berufskolleg sensibel auf die jeweils bestehenden Strukturen in der Schule und die Stärken der damit beauftragten Lehrer/innen abgestimmt werden.

Als Kernpunkte für eine erfolgversprechende Einbindung der Leseförderung als festes Element der pädagogischen Arbeit und der Unterrichts- und Schulentwicklung zeichnen sich folgende Prämissen ab:

- Leseförderung im Berufskolleg ist um so erfolgreicher, je besser es gelingt, sie über das Fach Deutsch/Kommunikation hinaus auch in allen anderen und hier insbesondere auch den berufsbezogenen Lernfeldern systematisch einzubinden.

- Die Bedeutung der Leseförderung für die erfolgreichere Arbeit in allen anderen berufsbezogenen und berufsübergreifenden Fächern muss den Schüler/innen und den Lehrer/innen bewusst werden.

- Die didaktischen Ansätze zur Leseförderung müssen in ihrer Anzahl für die Lehrer/innen, die dies in den berufsbezogenen Fachunterricht einbinden wollen, überschaubar, praktikabel und nicht zu aufwändig sein.

- Leseförderung im Berufskolleg muss neben den Fließtexten auch auf Tabellen und Grafiken ausgeweitet werden, da diesen in der Berufswelt besondere Bedeutung zukommt.

- Leseförderung muss eingebunden werden in evaluierte Prozesse, bei denen die Schüler/innen und die Lehrer/innen eingebunden sind, um die konkreten Probleme, Ziele und Förderstrategien und insbesondere auch die feststellbaren Erfolge bewusst zu machen.

- Leseförderung muss als festes Element der Arbeit in der Fachkonferenz Deutsch/Kommunikation und in den Bildungsgangkonferenzen verankert und dokumentiert werden, um die Kontinuität und Nachhaltigkeit dieser Förderung als Ansatz zur Qualitätsentwicklung in Aussicht zu stellen.

4.1   Leseförderung als Angebot zur Bildungsgangentwicklung

Erhard Kusch

Die bisherigen Erfahrungen mit der Leseförderung im Berufskolleg machen deutlich, dass die einzelne Lehrkraft überfordert ist, um dieses Problem für sich und den eigenen Unterricht zufriedenstellend zu lösen. Und auch die oft praktizierte Überantwortung dieser Aufgabe an die Lehrkräfte, die das Fach Deutsch/Kommunikation in der Berufsschule in der Regel für nicht mehr als 80 Unterrichtsstunden in den drei Jahren unterrichten, löst das Problem nicht. Die Übertragung dieser Aufgabe auf den Unterricht im Fach Deutsch/ Kommunikation dient mehr einem zweifelhaft ruhigen Gewissen und der moralischen Entlastung der übrigen Fachlehrerinnen und -lehrer – und führt zu erhöhter Frustration und Unzufriedenheit über die ausbleibenden Erfolge. Diese Situation ist unbefriedigend und führt zu dem Schluss, dass die Vermittlung von größerer Lesekompetenz zur gemeinsamen Sache der Lehrkräfte werden muss, die in einer Klasse bzw. in einem Bildungsgang unterrichten. Dies hat die Auseinandersetzung mit diesem Problem innerhalb des Projekts zur Leseförderung deutlich gemacht. Die Förderung basaler Lesekompetenz muss ein bildungsgangdidaktisches Anliegen und damit ein Element der Bildungsgang- und Schulentwicklung werden. Eine Möglichkeit, um dies in der Schule umzusetzen, ist dem im Folgenden dargestellten Konzept (siehe Abbildung) zu entnehmen.

Der Erfolg der Leseförderung hängt maßgeblich davon ab, dass in der Schule sukzessive ein Bewusstsein entsteht für die Tragweite des Problems mangelnder Lesekompetenz und seiner Konsequenzen für den Erfolg der pädagogischen Arbeit jeder einzelnen Lehrkraft. Aufbauend darauf muss die Leseförderung zu einem gemeinsamen Anliegen möglichst vieler werden, die an der Ausbildung beteiligt sind. Synergien müssen schrittweise aufgebaut und genutzt werden, und die Förderung muss in institutionell abgesicherte Strukturen eingebunden werden, die die Kontinuität und Nachhaltigkeit dieses Engagements unterstützt und sicher stellt. Diese Entwicklung kann nicht verordnet werden. Vielmehr kommt es darauf an, bei den Beteiligten das Bewusstsein für die fehlende Lesekompetenz sukzessive zu fördern, es durch geeignete Impulse wach zu halten und zugleich Schritt für Schritt immer mehr Beteiligte kompetenter zu machen, die Lesekompetenz systematisch weiterentwickeln zu wollen und zu können.

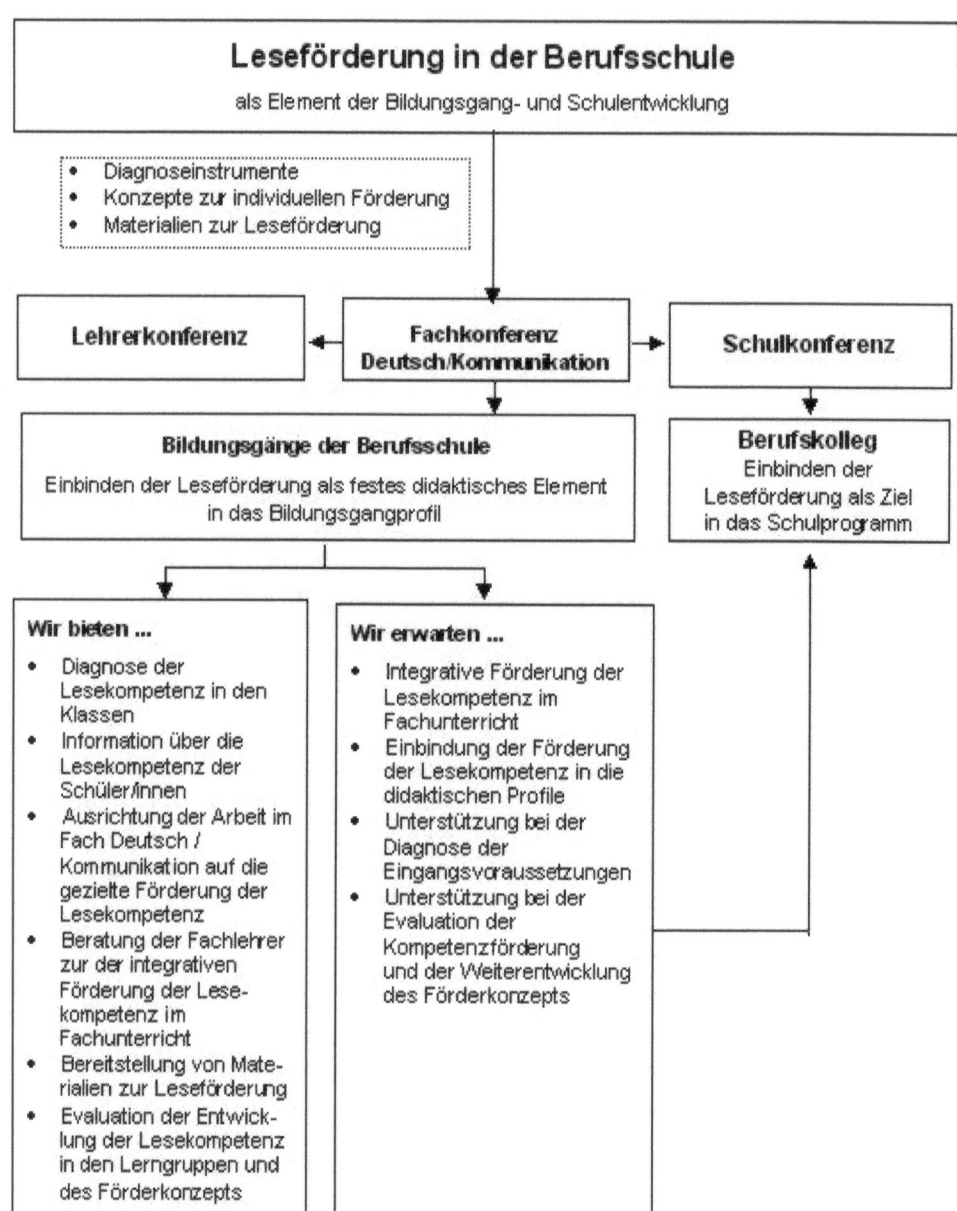

Abbildung 11: Implementierung der Leseförderung

Die Keimzelle für die dahingehende Einbindung der systematischen Förderung basaler Lesekompetenzen als Element der Schulentwicklung ist die Fachkonferenz Deutsch/Kommunikation. Als Gremium der Schulmitwirkung gehören dieser Fachkonferenz alle Lehrer/innen mit der Lehrbefähigung für dieses Fach an. Der ihnen zugewiesene Auftrag umfasst auch die didaktische Abstimmung und Einbindung der fachbezogenen Bildungsarbeit. Insofern liegen hier vielfältige Erfahrungen vor, um das Problem der fehlenden basalen Lesekompetenzen in die schulische Arbeit einzubringen und um es praxisnah mit den schulischen Gremien zu problematisieren und es zum Ziel der gemeinsamen pädagogischen Arbeit machen zu können. Zielgruppen dieser Auseinandersetzung müssen im Interesse einer möglichst breiten Einbindung und institutionellen Verankerung die Lehrerkonferenz und die Schulkonferenz sein.

Als Expertenforum verfügen die Lehrkräfte der Fachkonferenz Deutsch/Kommunikation über die nötigen Erfahrungen, um die Lesekompetenz der Auszubildenden fundiert diagnostizieren zu können. Zugleich bestehen in der Regel vielfältige didaktische Erfahrungen, um methodische Ansätze und Materialien für eine gezielte Förderung der Lesekompetenz aufzuarbeiten und weiterzuentwickeln und den Einsatz dieser Materialien den anderen Lehrkräften in den Bildungsgangteams zu vermitteln.

Das innerhalb des Leseprojekts entwickelte Konzept zur Leseförderung sieht vor, dass die Fachkonferenz Deutsch/Kommunikation aufbauend auf diesem Potenzial den einzelnen Bildungsgangkonferenzen und Klassenteams anbietet, zu Beginn der Ausbildung (evtl. sogar zu Beginn jedes Ausbildungsjahres) in den Klassen eine Diagnose der Lesekompetenz durchzuführen und die in der Klasse unterrichtenden Lehrkräfte über die relevanten individuellen Lesekompetenzen jedes Schülers und jeder Schülerin zu informieren. Die Ergebnisse der Diagnose bieten zugleich die Grundlage für die Absprache gemeinsamer Ziele und Verfahren zur fächerübergreifenden Einbindung der Leseförderung in den Bildungsgängen bzw. Fachklassen der Berufsschule. Die Lehrkräfte des Fachs Deutsch/Kommunikation bieten im Rahmen dieser Vereinbarungen an, ihren Unterricht gezielt auch auf die Förderung der Lesekompetenz auszurichten. Zugleich sollte die integrative Förderung unterstützt werden, indem die Lehrkräfte, die die übrigen Fächer unterrichten, gezielt beraten werden, wie sie in ihrem Fachunterricht die Lesekompetenz integrativ fördern können. Hierzu ist anzustreben, dass die Fachkonferenz Deutsch/ Kommunikation praktikable Lehrmaterialien bereitstellt. Die im Rahmen des Leseprojekts entwickelten Medien bieten dazu einen geeigneten Grundstock. Als weiterer wichtiger Punkt der Unterstützung wird den Bildungsgangteams angeboten, die Entwicklung der Lesekompetenz in den Lerngruppen zu evaluieren. Hierzu wird am Ende der Ausbildung (evtl. sogar zum Ende jedes Ausbildungsjahres) die Umsetzung der eingangs vereinbarten Zielen und Verfahren ausgewertet. Zudem wird nochmals die Diagnose der Lesekompetenz angeboten, um den Erfolg der gemeinsamen didaktischen Arbeit zu überprüfen und das Konzept zur Leseförderung aufbauend auf den Ergebnissen der Evaluation gemeinsam mit dem Bildungsgangteam weiter zu entwickeln.

Die Attraktivität des dargestellten Konzepts gründet auf den konkreten Unterstützungsangeboten der Fachkonferenz Deutsch/Kommunikation. Diese Hilfen sind eine wichtige Voraussetzung, denn sie stellen für die Lehrkräfte, die in einem Bildungsgang unterrichten, eine erfolgreichere pädagogische Arbeit in Aussicht. Der Erfolg hängt dabei aber maßgeblich davon ab, dass diese Lehrkräfte dies auch selbst konstruktiv unterstützen. Dies beinhaltet, dass die Förderung der Lesekompetenz in die didaktischen Profile der unterschiedlichen Bildungsgänge eingebunden wird. Von besonderer Bedeutung ist, dass die Lehrkräfte bereit sind, sie im Rahmen ihrer Möglichkeiten in ihren Fachunterricht zu integrieren. Darüber hinaus bedarf es der aktiven Unterstützung bei der Durchführung der Diagnosen, bei der Abstimmung und Entwicklung bildungsgangspezifischer didaktischer Ziele und methodischer Ansätze sowie bei der Evaluation und Weiterentwicklung des Förderkonzepts.

Zur weiteren institutionellen Einbindung bietet sich an, die Leseförderung aufbauend auf den dargestellten Ansätzen in das Schulprogramm aufzunehmen. Die Entscheidung darüber liegt in der Verantwortung der Schulkonferenz. Die Schulkonferenz in den Berufskollegs ist zugleich das Gremium, um die Schülerinnen und Schüler, die Erziehungsberechtigten und die Interessensvertreter des dualen Partners mit in die Auseinandersetzung mit der Leseförderung einzubinden und sie für die konstruktive Mitarbeit im Interesse einer erfolgreicheren beruflichen Ausbildung zu gewinnen.

4.2   Entwicklung des Diagnose-Instruments zur Lesekompetenz

Tobias Stevens / Judith Wahlers

Bei der Suche nach geeigneten Ansätzen zur Förderung der Lesekompetenz in der Berufsschule wurde früh deutlich, dass es an einem entscheidenden Werkzeug hierzu in der dualen Ausbildung fehlte: Ein Diagnose-Instrument zur Erhebung der in diesem Bereich benötigten Lesekompetenz. Wie kann zielgerichtet und systematisch gefördert werden, ohne zu wissen, wo die individuellen Stärken und Schwächen in der Lesekompetenz der Berufsschüler/innen liegen? Es genügte nicht, einfach einen generellen Mangel an Leseverständnis zu konstatieren und daraufhin das Förderungsbedürfnis für alle Schüler/innen allumfassend zu gestalten.

Die Analyse der bereits etablierten Materialien zur Diagnose von Lesekompetenz ergab, dass für viele Schülergruppen vom Kind in der Spracherwerbsphase bis zum volljährigen Migranten entsprechende Tests und Untersuchungen vorhanden sind. Es gab aber (leider) eine Lücke. Die Berufschüler/innen wurden nie als Testgruppe berücksichtigt. Daraus erwuchs die Aufgabe, diese Lücke zu füllen und einen adäquaten, auf die Kompetenzanforderungen in dieser Gruppe ausgerichteten Test zu erstellen.

Ein solches Diagnoseinstrument für die dualen Bildungsgänge muss die Ziele und die Rahmenbedingungen der dualen Ausbildung berücksichtigen und damit insbesondere die folgenden Anforderungen erfüllen:

• Konzentrierung auf wesentliche in der Berufswelt und in der Ausbildung relevante Textsorten

• Offenlegung der darauf bezogenen individuellen Stärken und Förderbedarfe hinsichtlich der Lesekompetenz der einzelnen Schülerin und des einzelnen Schülers.

• Praktikabilität im Hinblick auf den Umfang und die methodische Durchführung des Diagnoseverfahrens im Unterrichtsalltag

Bereitstellen von möglichst konkreten Diagnoseergebnissen zur Lesekompetenz, die über den Unterricht im Fach Deutsch/Kommunikation hinausgehend Möglichkeiten für eine fächerübergreifende Leseförderung bieten.

Der PISA-Test lieferte einen ersten Ansatz für einen solches Diagnoseinstrument und eignete sich, um Ideen für einen Test in den Fachklassen der dualen Ausbildung zu entwickeln. Nicht zuletzt liegt die getestete Schülergruppe, Fünfzehnjährige aus allen Schulformen, der Zielgruppe im Berufskolleg noch relativ nahe.

Zu bedenken ist allerdings, dass die Beurteilungskriterien von PISA nicht den curricularen Vorgaben des Faches Deutsch/Kommunikation entsprechen und auf eine andere Schülergruppe zugeschnitten sind. Außerdem sind in den Berufskollegs keine Ressourcen vorhanden sind, um das sehr aufwändige Diagnoseverfahren umsetzen zu können. Insofern ist das Konzept für den Schulalltag im Berufskolleg nicht geeignet.

Doch das PISA-Konzept macht auf der anderen Seite zweierlei deutlich. Erstens: Texte sind nicht nur die landläufig darunter verstandenen Fließtexte, auch Tabellen und Diagramme müssen als Texte betrachtet werden (vgl. dazu Kap. 2). Gerade an Berufskollegs nehmen diese Textarten eine zentrale Rolle ein, literarische Texte hingegen sind eher peripher wichtig. Lesekompetenzförderung an Berufskollegs muss also auch das Verstehen und Deuten dieser Textarten in den Blick nehmen und fördern.

Zweitens: Lesen darf nicht nur im engsten Sinne als technischer Ablauf betrachtet werden. Lesen bedeutet auch und vor allem Verstehen und Verarbeiten von Inhalten und Bedeutungen und dieses auf unterschiedlichen Stufen. Anders als bei der PISA-Studie legen die curricularen Vorgaben im Berufskolleg hier drei aufeinanderaufbauende Kompetenzbereiche fest:

Kompetenzbereiche entsprechend den curricularen Vorgaben im Berufskolleg und deren Übertragung auf die Anforderungen zur Lesekompetenz	I	II	III
Wiedergeben / Beschreiben der Informationen eines Textes (Fakten, Fachbegriffe, Strukturen und Einstellungen)		⇩	⇩
Analysieren relevanter Informationen eines Textes und deren Bezüge zueinander (im Hinblick auf eine konkrete Aufgabenstellung)			⇩
Bewerten der Bedeutung relevanter Informationen eines Textes und Transfer im Hinblick auf die Lösung konkreter Aufgaben)			

Abbildung 12: Kompetenzbereiche des Lesens im Berufskolleg

Der erste Kompetenzbereich umfasst lediglich die Fähigkeit der Auszubildenden, die Informationen eines Textes zu erfassen und sie korrekt, möglichst stimmig und umfassend wiedergeben zu können.

Der zweite Kompetenzbereich geht darüber hinaus, indem gefordert ist, dass die Auszubildenden aufbauend auf einer umfassenden Wiedergabe der Inhalte des Textes im Hinblick auf eine konkrete Aufgabenstellung relevante Informationen und deren Bezüge zueinander analysieren. Dies umfasst die selbstständige Auswahl und Herausarbeitung von Parallelen, Entwicklungen und Kontrasten bis hin zur Strukturierung der wesentlichen Informationen und der Konstruktion von Transferbezügen.

Der dritte Kompetenzbereich ist darauf ausgerichtet, dass die Auszubildenden aufbauend auf den zuvor beschriebenen Operationen relevante Kerninhalte der Texte in einem weiteren Schritt begründet im Hinblick auf die Lösung konkreter Problemstellungen bewerten und eigene Positionen kritisch hinterfragen.

Die Struktur eines Tests zur Diagnose der Lesekompetenz in der dualen Ausbildung ist damit klar: Das Verstehen und Deuten von den drei für die Ausbildung und die betriebliche Praxis relevanten verschiedenen Textarten auf drei verschiedenen Kompetenzstufen. Am Berufskolleg für Technik Düren wurde versuchsweise ein solcher Test entwickelt und entsprechend dem im vorangegangenen Kapitel dargestellten Ansatz als Förderinstrument in den dualen Bildungsgängen implementiert. Dieser Test wird in zahlreichen Unterstufenklassen zu Beginn der Ausbildung sowie am Ende des Schuljahres durchgeführt und durch Deutschlehrerinnen und -lehrer ausgewertet. Aufbauend auf dieser Auswertung erhalten die Lehrkräfte, die in den Klassen unterrichteten, zu jedem Schüler und zu jeder Schülerin eine konkrete Information zur Lesekompetenz hinsichtlich der drei berufsrelevanten Textsorten sowie Hilfestellungen, um die individuelle Lesekompetenz fächerübergreifend fördern zu können.

Dieser erste Diagnoseansatz wurde zu einem der Katalysatoren, um ein professionell entwickeltes, mit überschaubarem Aufwand durchzuführendes und trennscharf auszuwertendes Diagnose-Instrument für die individuelle Lesekompetenz zu gestalten. Mitglieder der Gruppe bildeten einen Arbeitskreis, der mit wissenschaftlicher Unterstützung gezielt ein fundiertes Instrument für die Diagnose der Lesekompetenz in der dualen Ausbildung entwickelte. Eingebunden waren Lehrkräfte des Berufskollegs für Technik Düren sowie Wissenschaftler/innen des Instituts für Psychologie und des Instituts für deutsche Sprache und ihre Didaktik der Universität zu Köln. Auf der Grundlage der Erfahrungen der Projektgruppe und des innerhalb des Projekts gemeinsam erarbeiteten Materials wurde ein Diagnoseinstrument und ein für die Schulen geeignetes Diagnoseverfahren entworfen, das die statistischen Aspekte, die Probleme der testtheoretischen Einflussfaktoren und die psychometrischen Implikationen systematisch berücksichtigt.

Das neu entwickelte Diagnoseinstrument soll gezielt genutzt werden, um den Lehrkräften, die in den Fachklassen der dualen Ausbildung unterrichten, systematisch konkrete Informationen geben zu können über die individuellen Stärken und Schwächen der Lesekompetenz ihrer Schülerinnen und Schüler. Es ist das Ziel, auf einer wissenschaftlich fundierten Grundlage zu jeder Schülerin und zu jedem Schüler Auskunft geben zu können, welche Lesekompetenzstufe bei jeder der drei relevanten Textarten vorliegt und welcher individuelle Förderungsbedarf besteht. ese Förderung verwirklichen zu können, wurden zugleich Fortbildungsmaßnahmen (vgl. Kapitel 5) entwickelt, die insbesondere auch jenen Lehrkräften ein Angebot zur Weiterqualifizierung machen, die nicht das Fach Deutsch / Kommunikation unterrichten, sondern für die berufsbezogenen Fächer verantwortlich sind und insbesondere auch in diesem Unterricht den kompetenten Umgang mit Texten fördern müssen. Dieses Angebot zielt darauf ab, die Lesekompetenzförderung in der dualen Ausbildung fächerübergreifend zu einem konstitutiven Element der bildungsgangdidaktischen Konzeption und des Unterrichts zu machen.

4.3   Lesewoche als Impuls für die Implementierung der Leseförderung

Susanne Mertens-Eymael / Christian Schäfer

Förderkonzepte und ihre Realisierung für Schüler/innen mit all ihren individuellen Bedürfnissen in den verschiedenen Bildungsgängen und Fächern gehören zur Leitidee von Berufskollegs. Im Berufskolleg Kaufmännische Schulen sind sie fest im Schulprogramm verankert und die tägliche Arbeit im Unterricht und in gezielten Maßnahmen wird hiervon bestimmt.

Die Erfahrung zeigt, dass insbesondere die Kompetenz, sich Texte und deren Inhalte zu erschließen sowie Informationen zu erfassen und zu verarbeiten, in allen Lebensbereichen grundlegend für die Initiierung und nachhaltige Stabilisierung von Lernprozessen ist. Daher ist insbesondere die Lesekompetenz in allen Bildungsgängen und in allen Fächern die Basis für eine erfolgreiche Arbeit. Die Förderung dieser Kompetenz ist ein wichtiger Schlüssel für den Lernerfolg der Schüler/innen und für den Erwerb weiterführender Qualifikationen oder Schulabschlüsse. Die Berufskollegs bereiten damit die Schüler/innen in den Berufsschulklassen wie auch in anderen Bildungsgängen gezielt auf die Anforderungen im Berufsleben wie auch im Studium vor.

Die Grundidee ist es, dass sich alle Schüler/innen, die mit sehr unterschiedlichen Vorkenntnissen und verschiedenen Lern- und Leistungsvoraussetzungen in das Berufskolleg kommen, eine *gemeinsame und verbindliche Arbeitsweise im Umgang mit Texten sowie mit Lerntechniken* erarbeiten, die die weitere Textarbeit in allen Unterrichtsfächern erleichtert. Die Arbeit am „Handwerkszeug" ist auch für Schüler/innen mit bereits umfangreicheren Lese- und Lern-Erfahrungen unerlässlich. Die Arbeit in der Schule zeigt, dass dies selbst bei den Schüler/innen, die meist älter als 16 Jahre sind, erforderlich ist. Im Berufskolleg erstrecken sich die Vorerfahrungen der Schüler/innen vom vorangegangenen Besuch der Hauptschule bis hin zum Gymnasium, sodass gerade in den Unterstufen von sehr heterogenen Lern- und Leistungsbedingungen ausgegangen werden muss. Diese Heterogenität manifestiert sich insbesondere im Bereich der Arbeitstechniken – gerade auch im Umgang mit Texten (Lesen, Textbearbeitung und Textverstehen). Auch die PISA-Studie verweist auf die Defizite in diesem Bereich. Der zentrale Ansatz für eine gezielte Förderung der Lesekompetenz ist eine dahingehend konzipierte Unterrichtsreihe, die im Sinne eines *Angleichkurses* darauf abzielt, den Schüler/innen hier grundlegende Basiskompetenzen zu vermitteln.

Die Grundlage für die Implementierung der Leseförderung im Berufskolleg Kaufmännische Schulen bildete das Projekt, das zur Leseförderung im Bildungsgang Einzelhandel (siehe Kapitel 3.2) entwickelt worden ist. Die hierfür erarbeiteten Materialien wie auch die hier gewonnenen Erfahrungen werden genutzt, um in einem weiteren Schritt die Lesekompetenz auch in anderen Bildungsgängen zu fördern. Dabei bildeten insbesondere die sogenannte *Lesekarte* und die *Lesemappe* für den Einzelhandel sowie andere von uns entwickelte Unterrichtssequenzen die didaktische Grundlage für die konkretere Ausgestaltung der Aufgabenstellungen und Handlungssituationen. Die entwickelte Unterrichtsreihe schließt jeweils ab mit einer Leistungsüberprüfung.

Alle zur Kompetenzförderung genutzten Texte sind überwiegend der aktuellen Presse entnommen und erfüllen die Kriterien der Textverständlichkeit, die für Schüler/innen in den betreffenden Bildungsgängen wie etwa der Höheren

Handelsschule vorausgesetzt werden können. Die Themen sind schülernah ausgewählt und in den Aufgabenstellungen wird ebenfalls in den *Handlungssituationen* Wert auf einen Bezug zum *Erfahrungshorizont* der Schüler/innen gelegt. So werden etwa in den Texten Themen wie Rauchen am Arbeitsplatz, Alcopops, Jugendkriminalität aufgegriffen. Die Arbeitsanweisungen decken alle drei Kompetenzstufen im Rahmen der konkret geforderten Textarbeit ab. Bei den einzelnen Texten steht jeweils eine *Arbeits- bzw. Lesetechnik* (z.B. Schlüsselbegriffe finden, Zwischenüberschriften gestalten o.Ä.) im Vordergrund. Alle Texte ermöglichen wieder eine individuell zu gestaltende *Anschlusskommunikation* oder eine weiterführende Bearbeitung, z.B. mit Methoden der produktiven Textgestaltung (Gestaltung eines Plakates, Durchführung einer Mitarbeiterversammlung o.Ä.). Der Einsatz eigener Zeitungstexte mit Aufgabenstellungen, die sich an die selbst gestalteten Texte anlehnen können, ist für die Kolleginnen und Kollegen optional.

Die Klausur zur Leistungsüberprüfung zu dieser Lerneinheit wird als *Parallelarbeit* für verschiedene Klassen jedes Bildungsgangs durchgeführt. Die Parallelarbeit umfasst zum Beispiel alle elf Unterstufen der Höheren Handelsschule sowie die zwei Klassen der Handelsschule. Auf der Grundlage der dabei erzielten Ergebnisse haben deren Schüler/innen die Option bei guten Leistungen in die Höhere Handelsschule zu wechseln. Voraussetzung hierfür ist, dass das Anforderungsniveau des gewählten Textes leicht über dem der Übungstexte liegt, um eine konkretere Aussage über die erarbeiteten Kenntnisse und Arbeitstechniken und über die erworbenen Lesekompetenzen der Schüler/innen machen zu können. Das Ergebnis der Parallelklausur ist in der Regel im Sinne der *Qualitätssicherung* aussagekräftig und ermöglicht eine für alle realistische Aussage über die Kompetenzen der einzelnen Schüler/innen. Ausgehend davon werden Schüler/innen mit schwacher Leseleistung in ausführlichen *Beratungsgesprächen* im Vorfeld des Elternsprechtags beraten im Hinblick auf einen Wechsel in eine Förderklasse. Leistungsstarke Schüler/innen der erwähnten Handelsschulklassen können dagegen in den höheren Bildungsgang wechseln, sofern auch die Leistungen in den anderen Hauptfächern mindestens befriedigend sind.

Hinsichtlich der Implementierung der Leseförderung hat sich gezeigt, dass hier ein großer Förderbedarf quer durch nahezu alle Bildungsgänge und Fächer besteht. Lesetraining muss insofern für die gesamte Schule zu einem festen Element des Schulprofils und der Unterrichtsentwicklung in allen Bildungsgängen werden. Wie gezeigt kann es in den einzelnen Bildungsgängen und für verschiedene Schülergruppen – je nach deren Bedürfnissen – mit unterschiedlichen Intentionen verfolgt werden.

Für die Implementierung dieses Ansatzes in der Schule sind die folgenden Gesichtspunkte dabei von besonderer Bedeutung:

- Weitere Vernetzung mit anderen Fördereinrichtungen und -konzepten im Rahmen von Fachtagungen und der Kooperation mit anderen Berufskollegs
- Stärkere Einbindung möglicher dualer Partner wie zum Beispiel die Träger der Maßnahmen zur Förderung benachteiligter Jugendlicher, die Ausbildungs- und Praktikumsbetriebe. Je eindringlicher in allen Bereichen auf die Brisanz und die Notwendigkeit der Lesekompetenz verwiesen wird, desto gezielter und umfangreicher erfolgt die Förderung.
- Feste Verankerung der Leseförderung in den jeweiligen didaktischen Jahresplanungen der einzelnen Bildungsgänge: Dies erhöht den Stellenwert und die Verbindlichkeit und bildet die Basis für eine Vergleichsdiagnose und Schullaufbahnberatung sowie für die Qualitätssicherung in den Bildungsgängen.
- Umfassende Information und Überzeugung aller Kolleginnen und Kollegen in Fach-, Bildungsgang- und Lehrerkonferenzen
- Anlage und Pflege eines Aufgabenpools, der ständig erweitert und aktualisiert werden muss, sodass allen Kolleginnen und Kollegen Fördermaterialien zur Verfügung stehen
- Erweiterung des Konzepts um eine gezieltere Diagnostik der Lesekompetenz
- Beständiges Wiederholen und Anwenden der erlernten Techniken in allen Fächern sowie eine Nacherfassung der dabei erzielten Kompetenzen als Grundlage für Nachhaltigkeit der Förderung

4.4   Modellversuch als Impuls zur Implementierung der Leseförderung

Sabine Heister / Wolfgang Macko

Die Entwicklung und Erprobung eines Konzepts zur gezielten Förderung der basalen Lesekompetenz konzentriert sich auf ausgewählte Bildungsgänge mit besonderem Förderbedarf. Am Berufskolleg Jülich stand dabei in einer ersten Phase der Bildungsgang KFZ-Mechatroniker/in im Mittelpunkt, da sowohl die Lehrer/innen des Bildungsganges wie auch die Ausbildungsbetriebe hier eine verminderte Lesekompetenz der Auszubildenden festgestellt hatten.

Fehlende sprachliche Kompetenzen der Auszubildenden behindern die intendierten Lernprozesse insbesondere vor dem Hintergrund der erweiterten Anforderungen der neu gestalteten Lehrpläne und Ausbildungsordnungen. Wenn die Lernprozesse so strukturiert werden, dass die Schüler/innen sich fundiert mit praxisnahen Situationen auseinandersetzen und darauf aufbauend ihre Arbeits- und Lernprozesse zunehmend selbstständiger planen, durchführen und auswerten, dann hat der Deutschunterricht primär die Aufgabe, die sprachlichen Kompetenzen zu fördern, die sowohl für die Bewältigung der schulischen als auch beruflichen Handlungssituationen notwendig sind.

Die Arbeit im Fach Deutsch/Kommunikation muss gezielt auch darauf ausgerichtet werden, dass schon das Erfassen von Lernsituationen, die in Textform an die Schüler/innen herangetragen werden, keine unbeabsichtigten Schwierigkeiten bereitet.

Trotz einer vorauszusetzenden allgemeinbildenden Lernbiografie ist die Entwicklung des Textverständnisses der Schüler/innen oft diffus. Die im Deutschunterricht erworbenen Kompetenzen werden nur bedingt außerhalb dieses Unterrichts systematisch weiter gepflegt und entfaltet. Stillschweigend wird von Lehrer/innen, die nicht Deutsch unterrichten, vorausgesetzt, dass das im Deutschunterricht erworbene Wissen um Textarbeit von den Schüler/innen übertragen wird. Die Lehrer/innen der berufsbezogenen Lernbereiche müssen wissen, in welchem Maße die Schüler/innen durch den Deutschunterricht vorbereitet sind und erkennen, in welchem Maße ihnen eine entscheidende Verantwortung bei der Erhaltung und beim Ausbau auch der sprachlichen Kompetenzen zufällt.

Eine effektive Förderung der Lesekompetenz muss insofern darauf ausgerichtet werden, dass die im Deutschunterricht erworbenen Kompetenzen in den berufsbezogenen Lernbereichen bewusst zur Anwendung kommen. Deswegen sind insbesondere die Lehrer/innen der berufsbezogenen Lernbereiche in das Konzept der Leseförderung einzubeziehen. Voraussetzung dafür ist, dass sie über ein grundlegendes Verständnis des Leseprozesses verfügen.[2]

In sachlicher und motivationaler Hinsicht ist es vor allen Dingen notwendig, den Lehrer/innen im Bildungsgang eine handhabbare, nicht zu sehr durch Theorie überfrachtete didaktische Möglichkeit an die Hand zu geben und eine weitere Unterstützung der Deutschlehrer bei der Planung und Umsetzung in Aussicht zu stellen.

Das Implementierungsvorhaben zielt somit zunächst darauf ab, die Lehrer/innen im Bildungsgang für die Unverzichtbarkeit eines bewussten Umgangs mit Texten zu sensibilisieren. Darauf aufbauend müssen sie in einem nächsten Schritt dahingehend qualifiziert werden, spezielle Phasen zur inhaltlichen Erschließung in den Unterricht einzubinden, sodass ein bewusster und effektiver Umgang mit Texten durch den jeweiligen Lehrer/innen im Unterricht des berufsbezogenen Lernbereichs geplant und durchgeführt werden kann. Der Einsatz des Mediums Text im Unterricht der berufsbezogenen Lern-

---

[2] Die Projektgruppe berücksichtigt sowohl textgeleitete als auch lesergeleitete Lesestrategien, setzt allerdings den Schwerpunkt auf den zielgerichteten, intentionalen Prozess des Verstehens.

bereiche erhält durch die neu erworbenen Handlungskompetenzen einen neu-
en Stellenwert.

Als Element der Schulentwicklung ist im Berufskolleg Jülich vorgesehen, das
Konzept zur Förderung basaler Lesekompetenzen in allen Bildungsgängen zu
etablieren. Die Bereitschaft der Lehrer/innen kann jedoch nicht durch Anwei-
sung hergestellt werden, sondern sie muss durch ein Angebot geweckt werden,
das den unverzichtbaren Einsatz von Texten wieder in stärkerem Maße ermöglicht, erleichtert und verbessert. Die dahingehende Weiterbildung der Leh-
rer/innen soll deshalb im Wesentlichen Ideen und Perspektiven für eine effek-
tivere Textverwendung liefern und ist somit eher als kreativer Anstoß denn als
methodische Vorgabe zu sehen.

Konkret umfasst die Implementierung des Konzepts zur Leseförderung im
Berufskolleg Jülich folgende Phasen:

Phase I: Modellversuch im Bildungsgang KFZ-Mechatronik am BK Jülich

1.   Erhebung der im Unterricht beobachteten Schwierigkeiten der Auszu-
     bildenden beim Lesen und Schreiben durch die Lehrer/innen des Bil-
     dungsgangs

2.   Herstellung eines Mehrheitsentscheids im Bildungsgang für die Durch-
     führung des Projekts, um eine nachhaltige Unterstützung durch die
     Lehrer/innen zu sichern

3.   Durchführung des Vortests in einer ausgewählten Lerngruppe des Bil-
     dungsgangs und Diagnose der Leseleistung nach dem Kompetenzstu-
     fen-Modell der Arbeitsgruppe „Lesekompetenzförderung" in Zusam-
     menarbeit mit den Wissenschaftler/innen der Universität zu Köln

4.   Durchführung des Projekts mit erhöhtem Stundenkontingent (6 Wo-
     chenstunden Deutsch). Simultane Entwicklung, Erprobung und Über-
     arbeitung von Lehr- und Lernmaterialien in Bezug zu den thematischen
     Schwerpunkten des Bildungsgangs.

Phase II: Absprache der Deutschlehrer/innen im Rahmen der Fachkonferenz Deutsch / Kommunikation

1.   Informationen zum Projektverlauf

2.   Vorstellung des Lesemoduls und der erarbeiteten Lehr- und Lernmate-
     rialien

3.   Einbindung der Deutschlehrer/innen in das Vorhaben der Implemen-
     tierung

     Die Anpassung der Materialien und Schwerpunktsetzungen an die An-
     forderungen der einzelnen Bildungsgänge wird durch die jeweiligen
     Deutschlehrer/innen unterstützt.

Phase III: Schulungsveranstaltung im Bildungsgang KFZ-Mechatronik

1. Problematisierung des Einsatzes von Texten trotz eingeschränkter Leseleistung der Schüler/innen

2. Gestaltung von Aufgabenstellungen und Fragen entsprechend der Lesekompetenzstufen

3. Intensive Lesevorbereitung als Basis für den Aneignungsprozess von Textinhalten

4. Sicherung der Schlussfolgerung für den Fachunterricht per Ergebnisprotokoll

Phase IV: Vorstellung des Konzepts der integrierten Leseförderung in der Lehrerkonferenz

1. Informationen zum Projektverlauf

2. Hinweis auf ein schulinternes Dienstleistungsangebot (Hilfe bei der Gestaltung und Formulierung von Aufgaben und Fragen in Bezug zu eingesetzten Texten, Diagnose der Leseleistung einzelner Lerngruppen und Didaktisierung von Originaltexten)

3. Hinweis auf Bereitstellung von erprobtem Anschauungsmaterial aus dem Projekt, so dass die einzelnen Lehrer/innen entsprechend der spezifischen Anforderungen der Lerngruppe und des Bildungsgangs das Konzept umsetzen können

4. Betonung der Notwendigkeit, die Materialen den Schwerpunkten und Anforderungen der einzelnen Bildungsgänge anzupassen

5. Angebot einer nachfrageorientierten Beratung und Schulung an sämtliche Bildungsgänge des Berufskollegs

Phase V: Implementierung des Konzepts einer integrierten Leseförderung in den Bildungsgang Höhere Berufsfachschule für Wirtschaft und Verwaltung

1. Basis für die Durchführung des Vorhabens bildet auch hier das Votum der Lehrer/innen des Bildungsganges (Bildungsgangbeschluss)

2. Schulungsveranstaltung im Bildungsgang

Phase VI: Beratung und Schulung von Lehrer/innen aus den Bildungsgängen, die Beratung und Information angefordert haben.

Der Ablauf der Schulungsveranstaltung umfasste die folgenden Schritte:

1. Problematisierung des Einsatzes von Texten trotz eingeschränkter Leseleistung der Schüler/innen

    a. Feststellung der Ist-Situation mit Referenz auf die PISA-Studie

    b. Unterscheidung zwischen Textauswahl und Textumgang zur Effizienzsteigerung bei der Textarbeit

c. Differenzierung der Leistungsfähigkeit nach den Kompetenzstufen der PISA-Studie (Kontrastierung der von den Lehrer/innen erwarteten Leseleistungen und der Anforderungen auf den verschiedenen Kompetenzstufen; Metaplantechnik)

d. Identifizierung der Leseteilleistungen auf den einzelnen Kompetenzstufen als Orientierungshilfe für die Gestaltung von Aufgaben und Fragen

e. Schlussfolgerungen

2. Gestaltung von Aufgabenstellungen und Fragen entsprechend den Lesekompetenzstufen

a. Vereinfachung der analytischen Differenzierungen der PISA-Studie zu Gunsten einer Optimierung der Zugriffsmöglichkeiten für die Lehrer/innen (Zusammenfassung zu drei Kompetenzstufen)

b. Vorstellung von zwei Beispielen (Texte mit Fragen auf verschiedenen Kompetenzstufen)

c. Erläuterungen und Vertiefungen fachwissenschaftlicher Grundlagen

3. Intensive Lesevorbereitung als Basis für den Aneignungsprozess von Textinhalten

a. Diskussion: Die Relevanz einer intensiven Lesevorbereitung

b. Diskussion: Die intensive Leseförderung als obligatorischer Bestandteil der Textarbeit in allen Lernbereichen

4. Sicherung der Schlussfolgerung für den Fachunterricht per Ergebnisprotokoll

a. Lesevorbereitung als obligatorische Einleitungsphase beim Einsatz von Texten

b. Berücksichtigung aller Kompetenzstufen bei der Gestaltung von Fragen und Aufgaben mit Textbezug (Beteiligung von Deutschlehrer/innen nach Bedarf) in Abhängigkeit vom Leistungsprofil der Klasse (innere Differenzierung)

c. Feststellung des Leistungsprofils nach der ersten Klassenarbeit durch Deutschlehrer/innen des Bildungsganges

d. Ausblick: In Kenntnis der einzelnen Leseteilleistungen sollen die Auszubildenden eigenständig Fragen formulieren, die zur Texterschließung beitragen. Diskussion und Erprobung methodischer Ansätze zur Förderung des selbstständigen Lernens.

Folgende Kernpunkte lassen sich aus den Erfahrungen mit der Implementierung der Leseförderung auf der Grundlage eines Modellversuchs ableiten. Die aktive Einbindung der Lehrer, die nicht Deutsch unterrichten, ist entscheidend für den Erfolg einer gezielten systematischen Leseförderung. Diese Lehrer/innen müssen für das Konzept gewonnen werden. Oftmals sind sie zunächst verunsichert: Sie befürchten, noch weniger Zeit für die Vermittlung der beruflichen Inhalte zu haben. Diesen Vorbehalten gilt es zu begegnen. Die Lehrer/innen sollen möglichst unmittelbar erfahren, dass ihre Mitarbeit leistbar ist, und erkennen, dass ihr Engagement die Qualität und Effizienz ihrer unterrichtlichen Arbeit steigert. Hierzu erscheint es hinsichtlich der Implementierung strategisch günstiger, auf eine konzertierte Aktion in allen Bildungsgängen des Berufskollegs zu verzichten.

Bei der Planung der Informationsveranstaltungen sollten Methoden eingesetzt werden, die die aktive Beteiligung der Lehrer/innen erfordern. Dahingehend weist der oben beschriebene Ablauf der Implementierung eine hohe Effektivität auf, wenn durch eine sensible Vorgehensweise sichergestellt wird, dass die Lehrer/innen zu positiven Erfahrungen gelangen.

Neben informellen Rückmeldungen unterstützt insbesondere die Inanspruchnahme der Dienstleistungen der Deutschlehrer/innen den Erfolg der Implementierung. In wie weit das Konzept zur basalen Lesförderung insgesamt die Lernprozesse im Fachunterricht und in den Ausbildungsbetrieben beeinflusst, lässt sich zurzeit noch nicht quantifizieren.

Nicht zuletzt initiiert die Einbindung des Konzeptes in die didaktischen Jahresplanungen eine neue Dimension der informellen Kommunikation zwischen den Lehrer/innen, wodurch in Lehrer- und Fachkonferenzen Synergieeffekte für die Schulentwicklung entstehen.

5   Fortbildungsmodule

Das folgende Kapitel skizziert vier Fortbildungsmodule, die aus der konkreten Projektarbeit hervorgegangen sind. Sie wurden von den Beteiligten in Auseinandersetzung mit den eigenen Bedürfnissen nach einem vertieften Verständnis bestimmter Aspekte entwickelt und zunächst in der Projektgruppe erprobt. Zwischenzeitlich wurden sie auch in anderen Kollegien erfolgreich angeboten.

5.1   Workshop Basismodul Lesen: Lesen(lernen) von Fachtexten

Michael Becker-Mrotzek

Zielsetzung	Im Workshop geht es um die Besonderheiten des Lesen(lernen)s von Fachtexten. Anhand konkreter Beispiele wird gezeigt, wie das Lesen(lernen) von Fachtexten didaktisch gefördert werden kann.
Zielgruppe	Fach- und Deutsch-Lehrer/innen aller Schulformen der Sekundarstufe
Voraussetzungen	keine
Materialien	typische Fachtexte aus dem eigenen Unterricht mitbringen
Dauer	4 - 6 Stunden

Das Basismodul verfolgt das zentrale Ziel, die theoretischen Grundlegungen aus dem 2. Kapitel zu vermitteln. Um Dopplungen in der Darstellung zu vermeiden, werden diese Grundlagen an dieser Stelle daher nicht wiederholt. Es wird lediglich ein Vorschlag für den Aufbau eines solchen Workshops unterbreitet.

Einheit 1:   Einstieg (90 min)

Leseaufgabe: Die Teilnehmer erhalten die Aufgabe, den im Anhang abgedruckten Fachtext „Lesetechniken"[3] zu lesen. Der Text wendet sich als Lexikonartikel u.a. auch an Lehrer, so dass er vom Anspruchsniveau etc. als angemessen gelten kann, d.h. er vermittelt neue Kenntnisse in einer für die Zielgruppe verständlichen Weise.

---

[3] Peter Klotz (2003) Lesetechniken – eine Grundlagenskizze. In: Bredel, U. / Günther, H. / Klotz, O. / Ossner, J. / Siebert-Ott, S. (Hgg.) Didaktik der deutschen Sprache. Ein Handbuch. Paderborn: Schöningh, S. 548-550

Die Aufgabe besteht darin, den Text in Kleingruppen von zwei bis vier Personen zu lesen und seine wichtigsten Aussagen zum Lesen von Fachtexten auf einer handgeschriebenen Seite (max. 250 Wörter) zusammenzufassen. Hierfür stehen max. 45 min zur Verfügung. (Wenn ein Kopierer zur Verfügung steht, werden die Zusammenfassungen für alle Teilnehmer kopiert.)

Gruppendiskussion: Die Ergebnisse werden anschließend vorgestellt und diskutiert. Dabei soll es vor allem um die eigenen Erfahrungen bei der Aufgabenbewältigung gehen. Konkret können die folgenden Fragen angesprochen werden:

- Wie lassen sich Unterschiede in den verschiedenen Zusammenfassungen erklären?

- Welche Techniken / Strategien haben die einzelnen beim Lesen des Textes eingesetzt? Lassen die Texte entsprechende Spuren erkennen?

- Welche Fragen / Probleme sind bei der Einigung auf eine gemeinsame Zusammenfassung aufgetaucht? Wie wurden diese bearbeitet?

Einheit 2:   *(Fach-)Texte lesen (45 min)*

In der zweiten Einheit werden theoretische Grundlagen zum Text- und Lesebegriff vermittelt. Grundlage hierfür ist Kap. 2 „Lesekompetenz".

a)   Der Text wird als ein spezifisches Mittel der zerdehnten, d.h. über Raum und Zeit hinweg verlaufenden Kommunikation dargestellt, der eine Reihe besonderer Merkmale aufweist: Kohärenz, Textmuster bzw. -sorten, Verständlichkeitsmerkmale.

Fragestellung: Welche zusätzlichen, spezifischen Merkmale weisen Fachtexte auf? Diese Frage wird in der Gesamtgruppe erörtert, die Ergebnisse werden festgehalten.

b)   Das Lesen wird als ein aktiver Prozess der Sinnrekonstruktion dargestellt, bei dem unterschiedliche Strategien zum Einsatz kommen (s. Kap. 2.8).

Fragestellung: Welche der genannten Strategien nutzen die Teilnehmer? Welche zusätzlichen Strategie verwenden / vermitteln sie?

Zentrale Aussagen dieser Einheit bestehen darin,

- dass Texte aufgrund ihrer sprachlichen Struktur das Verstehen erleichtern oder erschweren können,

- dass sie also kein absolutes Maß an Verständlichkeit besitzen, sondern immer nur in Abhängigkeit vom Vorwissen des Lesers

- dass Lesestrategien abhängig sind vom Text und vom Leser, so dass es also die eine Lesestrategie nicht gibt

- dass das Lesen von Fachtexten eingebunden ist in einen übergeordneten Handlungszusammenhang, aus dem sich die Fragen an den Text ergeben.

Einheit 3:   Lesestrategien vermitteln (90 min)

Ziel der dritten Einheit ist die Entwicklung von Vermittlungsmöglichkeiten in Kleingruppen.

Aufgabenstellung: Die Kleingruppen erhalten, zusammen mit den Kap. 2.8 und 2.9, evtl. ergänzt um den gesamten Artikel von Christmann/Groeben (1999)[4], die Aufgabe, je eine konkrete Methode / Übungsform / Unterrichtsidee zur Vermittlung von Lesestrategien / Lesetechniken zu entwickeln. Dabei kann und soll auf konkrete Texte und/oder Lerngruppen Bezug genommen werden.

Präsentation: Anschließend werden die Ergebnisse im Plenum vorgestellt und diskutiert.

---

[4] Christmann, Ursula/Groeben, Norbert (1999) Psychologie des Lesens. In: Franzmann, B./Hasemann, K./Löffler, D./Schön, E. (Hgg.) Handbuch Lesen. München: Saur, S. 145-223

42. Lesetechniken – eine Grundlagenskizze

Peter Klotz

aus: Bredel, U. / Günther, H. / Klotz, O. / Ossner, J. / Siebert-Ott, S. (Hgg.) (2003) Didaktik der deutschen Sprache. Ein Handbuch. Paderborn: Schöningh, S. 548-550

1 Differenzierung des Lesebegriffs
2 Begriffsklärung Lesetechnik
3 Lesetechniken im Rahmen kommunikativ-pragmatischer Bezüge
4 Lesetechniken und Kompetenzen
5 Literatur

1 Differenzierung des Lesebegriffs

Die Vorstellungen und der Begriff vom Lesen sind in zwei relativ entfernten Bereichen gut entfaltet: im Bereich des Erstlesens (> Art. 39) sowie im Bereich der literaturwissenschaftlichen Reflexion über das Lesen und Verstehen von Texten bzw. über die literaturtheoretische Begründung von Lesarten (> Art. 40; Franzmann, Hasemann, Löffler & Schön 1999). Was bis auf wenige Ausnahmen fehlt, sind Studien über die Entwicklung und Ausdifferenzierung der Lesekompetenz, wie sie nach dem Erstlesen überhaupt erst entsteht und wie sie sich als unabschließbarer Prozess an Texten vielfältigster Art im Lauf eines Lebens herausbildet.

Das Feld des Lesens erstreckt sich (a) von einfachen zu hochkomplexen, (b) von alltäglichen zu hochspezifischen, (c) von simpel ausgeführten zu ästhetisch gestalteten Texten und (d) von pragmatischen zu literarischen Texten. Im Zeitalter der neuen Medien sind (e) kontinuierliche von diskontinuierlichen Texten ebenso zu unterscheiden wie (f) Texte im Verbund mit anderen Zeichenensembles, also etwa Grafiken, Statistiken, Bildmaterial etc.

Das Ausmaß der hierfür notwendigen Kompetenzen ist beträchtlich und entsteht überhaupt erst im Umgang und durch die Erfahrung mit Texten, die sich nicht kontinuierlich entwickelt, sondern im Nebeneinander ausdifferenziert.

Es ist wenig darüber bekannt, wie sich die Konturen der Lesesozialisation an Alltagstexten entwickelt und wie spezifische Kompetenzen mit funktionalen bzw. funktional affinen Lesetechniken verknüpft sind. Dazu gehören letztlich auch Techniken des schnellen, kursorischen, intensiven, vergleichenden, prüfenden, wertenden usf. Lesens.

Mit der PISA-Studie (Baumert, Klieme, Neubrand, Prenzel, Schiefele, Schneider, Stanat, Tillmann & Weiß 2001) liegt eine empirische Erhebung dessen vor, was Schüler und Schülerinnen beim Textverstehen leisten, wobei etwa die Skalierung in fünf Kompetenzstufen (Artelt, Schneider & Schiefele 2002) dort für eine (mögliche) Differenzierung des Lesens steht:

- oberflächliches Verständnis einfacher Texte;
- Herstellen einfacher Verknüpfungen;
- Integration von Textelementen und Schlussfolgerungen;
- detailliertes Verständnis komplexer Texte;
- flexible Nutzung unvertrauter, komplexer Texte.

Diese Skala wird zwar weiterführend erläutert, sollte aber differenziert und auf Schule und Lesesozialisation bezogen sowie in ähnlicher oder anderer Weise für ästhetische Texte diskutiert werden. Neben den empirischen Befunden hat die PISA-Studie deutlich gemacht, dass der Bereich des fortgeschrittenen Lesens bisher weder linguistisch noch sprachdidaktisch systematisch entfaltet, noch empirisch überprüft ist.

2 Begriffsklärung Lesetechnik

Nach dem Erwerb der Lesefähigkeit entwickeln sich kaum oder nicht bewusste Routinen des Lesens, die für sich durchaus verschiedene „Techniken des Lesens" sein können. Im didaktischen Zusammenhang aber soll unter Lesetechnik eine

bewusst verfügbare, werkzeughafte Vorgehensweise beim Lesen von Texten verstanden werden, die in gerichteter Weise zum Verständnis,
zum Gebrauch oder zum Beschreiben, Analysieren und Deuten von Texten eingesetzt wird. Dabei haben Lesetechniken nicht lediglich den
Zweck, das Verstehen von Texten zu optimieren.
Vielmehr sind die jeweils verwendeten Lesetechniken von spezifischen Lesezielen abhängig. Das bewusste Wählen eines Leseziels ist
selbst Teil einer funktionalen Lesetechnik. Leseziele können sich nach zunehmender Kompetenz
und Bewusstheit unterscheiden: etwa selektive
Informationsentnahme, Unterhaltung, Vorbereitung auf eine theatrale Interpretation (im musi-
sierenden Sinn). In Abhängigkeit von diesen Lesezielen werden je verschiedene Lesetechniken
funktional genutzt: bei selektiver Informationsentnahme das Unterstreichen und/oder die Be-
griffskommentierung am Rand des Textes oder
die Umsetzung der Information in eine graphi-
sche Struktur. Bei der Vorbereitung auf eine
theatrale Interpretation ist eine zentrale Technik
lautes, phrasierendes Lesen mit Retardierungen,
wachsender Prosodie, Pausen u. v. a. m., begleitet durch Notationen im oder am Text. Lautes Lesen ist auch sonst – bei allen Arten von Alltagstexten – ein hervorragendes Prüfinstrument für
das Textverstehen.

3 Lesetechniken im Rahmen kommunikativ-pragmatischer Bezüge

Das Lesen steht im kommunikativen Bezugsfeld
Leser/in – Text – Textgegenstand – Autor/in. Je
nach Fokussierung auf eines dieser Bezugsfelder
können funktionale Akzentuierungen und somit
bewusste Zuordnungen von Lesetechniken vorgenommen werden:

(a) Leser/innenbezug. Wesentlich für die Ent-
faltung von Lesekompetenz durch Lesetechniken
ist die pragmatische Orientierung auf das Lesesubjekt. Didaktisch gilt es, dem Subjekt die Möglichkeit selbstbestimmten bzw. selbstorientierten
Lesens zu eröffnen. Hierzu können etwa auch
sog. kreative bzw. handlungsorientierte Verfahren der Schreib- und Literaturdidaktik gehören;
verstanden als ästhetisierende Annäherungstech-
niken im subjektiven Verstehensprozess.

(b) Autor/innenbezug: Lesen kann auch der
Annäherung an ein Autorsubjekt dienen. Wie unter (a) wird das Lesen einer Absicht unterworfen,

ist aber ein instrumenteller Vorgang, dessen Objekt außerhalb des Kommunikats steht. Der Text
interessiert also nicht so sehr als Text, sondern
als Signatur des Autorsubjekts, dessen Auffas-
sungen, Affekte, Wünsche etc. z. T. erfahrbar
und beschreibbar werden sollen. Auch hier können handlungsorientierte Verfahren der Schreib-
und Literaturdidaktik – bis hin zum Abschreiben
von Texten oder Textpassagen –, aber auch wei-
terführendes Recherchieren von Hintergrundinformationen oder textvergleichende Vorgehen
(z. B. frühe und späte Texte desselben Au-
tors/derselben Autorin; Vergleiche von Texten
verschiedener Autoren/Autorinnen) produktiv
gemacht werden.

(c) Objekt-/Gegenstandsbezug: Ein solches
Lesen über das Kommunikat hinaus kann auch
der Annäherung an einen Sachbereich, eine Zeit
o. a. m. dienen. Das Lesen geschieht wie unter
(a) und (b) unter einer Absicht. Dies trifft auch
vielfach für den weiten Bereich des diskontinuierlichen Lesens in Nachschlagewerken und in
den elektronischen Medien (> Art. 65) und die
damit verbundenen spezifischen Lese- und Arbeitstechniken zu. Eine solche Leseinstrumenta-
lisierung findet auch bei themen- und/oder lö-
sungsorientierten Leseweisen (z. B. bei Aufgabenstellungen in Sachfächern) ihre Anwendung.

(d) Textbezug: Für die Fokussierung auf den
Text als Text und somit auch auf seinen Gegenstand, seine historische und/oder soziale Situie-
rung, seine Sprache und seine ästhetische Ver-
fasstheit stehen zahlreiche, im Unterricht vielfach erprobte Lesetechniken zur Verfügung. Ziel
dieses Lesens ist meist die zwar unspezifische,
aber bezogen auf alle inhaltlichen und formalen
Aspekte möglichst adäquate Rezeption des Textes unter Nutzung der dafür jeweils relevanten
Lesetechnik(en):

– Wiedergabe, Paraphrase, Inhaltsangabe eines
gelesenen Textes als Überprüfungsform des eigenen Verstehens und als Form der Integration
bzw. Erweiterung der eigenen Kompetenz;
– wiederholendes Lesen als markierte Diffe-
renzerfahrung des eigenen Verstehens;
– Ermitteln von Schlüsselwörtern und/oder Stel-
lenmarkierung zur Konturierung des Gelesenen
auf eine hervorzuhebende Inhaltsstruktur hin;
– lautes Lesen zur Überprüfung des eigenen Verständnisses eines Textes unter Kriterien wie
Flüssigkeit, Konturierung des Sinnkontinu-
ums, kritischer Hervorhebungen oder Annäherungen unter einer definierten Perspektive;
– Übersetzen von Gedankengängen in graphi-
sche Strukturen, „mind maps", Kernaussagen
oder semantischen (Isotopie-)Feldern;

550   Lesen

– Separieren von Text-/Äußerungsabsichten und
  -inhalten zur Erfassung des Verhältnisses von
  Intention und Informationsgehalt eines Textes;
– Heranziehen vergleichbarer Texte zur klareren
  Einschätzung der intentionalen Ausrichtung
  und des Informationsaufbaus sowie der Strukturierung des Textes insgesamt.

4 Lesetechniken und Kompetenzen

Diese vielseitig erweiterbare Liste stellt den vor-
sichtigen Versuch einer Sequenzialisierung mit
steigendem Anspruchsniveau dar. Es zeigt sich
dabei, dass zu den Lesetechniken Wissen über
Textsorten (> Art. 16), Textualität (> Art. 36),
Grammatik (> Art. 32, 64), Pragmatik ebenso
hinzutreten muss wie basales Wissen zu Herme-
neutik, Rezeptionsästhetik und Intertextualität,
um nur einiges zu nennen. Erst die Integration
solcher Wissensbestände erlaubt den vollen Erwerb funktionaler Lesetechniken mit dem Ziel,
Texte zu verstehen und sich über sie äußern zu
können.

5 Literatur

Altenburg, Erika. 1991. Wege zum selbständigen
  Lesen. 10 Methoden der Texterschließung.
  Frankfurt/M.

Artelt, Cordula; Schneider, Wolfgang & Schiefele, Manfred. 2002. Ländervergleich zur Lese-
  kompetenz. In: Baumert, Jürgen; Artelt, Cordula; Klieme, Eckhard; Neubrand, Michael;
  Prenzel, Manfred; Schiefele, Ulrich; Schneider, Wolfgang; Tillmann, Klaus-Jürgen &
  Weiß, Manfred (Hg.): PISA 2000 – Die Länder der Bundesrepublik Deutschland im Ver-
  gleich. Opladen, 55–94.
Baumert, Jürgen; Klieme, Eckhard; Neubrand,
  Michael; Prenzel, Manfred; Schiefele, Ulrich;
  Schneider, Wolfgang; Stanat, Petra; Tillmann,
  Klaus-Jürgen & Weiß, Manfred (Hg.). 2001.
  PISA 2000. Basiskompetenzen von Schüle-
  rinnen und Schülern im internationalen Ver-
  gleich. Opladen.
Brinker, Klaus; Antos, Gerd; Heinemann, Wolf-
  gang & Sager, Sven F. (Hg.) 2000. Text- und
  Gesprächslinguistik. Linguistics of Text and
  Conversation. Ein internationales Handbuch
  zeitgenössischer Forschung. An international
  Handbook of Contemporary Research.
  1. Halbband/Volume 1. Berlin.
Franzmann, Bodo; Hasemann, Klaus; Löffler,
  Dietrich & Schön, Erich (Hg.). 1999. Hand-
  buch Lesen. München.
Wember, Franz B. 1999. Besser lesen mit Sys-
  tem. Ein Rahmenkonzept zur individuellen
  Förderung bei Lernschwierigkeiten. Neu-
  wied.
Zielke, Wolfgang. ⁴1991. Schneller lesen – inten-
  siver lesen – besser behalten. München.

5.2   Workshop Modul Lesewoche

Susanne Mertens-Eymael / Christian Schäfer

Zielsetzung	Im Workshop soll gezeigt werden, wie eine Lesewoche durchgeführt werden kann.
Zielgruppe	Fach- und Deutsch-Lehrer/innen von Berufskollegs
Voraussetzungen	Keine
Materialien	Arbeitsmaterialien (s.u.)
Dauer	3 - 4 Stunden

Der Bedarf an Förderkonzepten und Materialien ist enorm – nicht nur an unserer Schule. Wie transportiert man seine Ergebnisse und Erfahrungen? Wir haben uns im Projekt für Workshops zur Kollegenweiterbildung entschieden. Um einen Eindruck von dieser Möglichkeit zu vermitteln, stellen wir im Folgenden unser Konzept für den *Workshop „Leseförderung im Einzelhandel"* vor. Er wurde am Berufskolleg Südstadt Köln am 07.05.2004 für interessierte Deutschkolleginnen und -kollegen bzw. für Kolleginnen und Kollegen, die im Bereich Einzelhandel oder in Förderklassen unterrichten, erfolgreich durchgeführt. Die Resonanz war sehr positiv, das Interesse an unserem Förderkonzept groß, sodass der Informationsaustausch weiterhin gepflegt wird.

Zielsetzung ist die Vermittlung von Kompetenzen zur Durchführung eines ein- oder mehrtägigen Lesetrainings in Einzelhandels- bzw. anderen Berufsschulfachklassen. Dazu werden die drei Kompetenzstufen vorgestellt und exemplarische Trainingsaufgaben für Schüler durchgespielt und reflektiert. Das Lesetraining besteht aus mehreren z.T. aufeinander aufbauenden Modulen, die größtenteils auch einzeln durchgeführt werden können. Wir verweisen auf unsere „Lesemappe" für die angehenden Einzelhandelskaufleute, in der jeder Einzelsequenz ein Kurzkommentar vorangestellt wurde.

Die *Synopse* des Workshopablaufs soll im Folgenden einen Überblick über die Inhalte geben. Bei gegebenem Gesprächs- oder Diskussionsanlass können Ablauf und Zeitvorgaben flexibel angepasst werden. Sollte der Wunsch seitens der Workshopteilnehmer bestehen, mehr Übungen zu simulieren, so ist auch dies jederzeit möglich. Der von uns geplante Zeitumfang belief sich auf ca. 90-100 Minuten (plus anschließendem Erfahrungsaustausch).

Zeitbedarf und Phase	Inhalt	Medien	Arbeitsform	Bemerkungen
Einstieg I 5 Minuten	Allgemeine Informationen zum Lesetraining und zur „Lesewoche" in Einzelhandelsfachklassen	Erfahrungsbericht	Vortrag der Moderatoren	Im Workshop werden Leseübungen einerseits simuliert und andererseits gleichzeitig auf der Metaebene didaktisch reflektiert.
Einstieg II 5 – 10 Minuten	Einstellung zum Lesen; Leseanlässe	Plakat, Klebepunkte	Einzelarbeit	Diese Phase dient zur Vorbereitung eines anschließenden Gruppengesprächs, es sollen eigene Leseerfahrungen (Lehrersicht) und die vermuteten Erfahrungen der Schüler (Schülersicht) einbezogen werden.
Erarbeitung I 10-15 Minuten	Lesearten und Leseanlässe der Teilnehmer und ihrer Schüler/innen (Erfahrungsaustausch)	Plakat (s.o)	Plenumsgespräch	Hier sollen insbesondere entspannendes (privates) und informierendes (berufliches) Lesen einerseits sowie intensives und überfliegendes Lesen andererseits unterschieden werden.
Überleitung	Präsentation der „Lesemappe" mit kurzen Hinweisen	Lesemappe	Vortrag Moderatoren	Hiermit wird in die anschließende Arbeitsphase kurz eingeführt.
Erarbeitung II 5 – 10 Minuten	Vorstellung einer Methode, die Lesekarte im Unterricht einzuführen und deren Inhalte zu besprechen	Arbeitsblatt, Lesekarte	Vortrag der Moderatoren und Plenumsgespräch	Es wird die Schülerübung simuliert.
Erarbeitung III 5 Minuten Erarbeitung 10 Minuten Plenum	Exemplarische Anwendung der Lesekarte	Fachtext Einsatz Lesekarte, Lineal, Stift	Einzelarbeit, Plenumsgespräch	Hier soll insbesondere auf die Schwierigkeit eingegangen werden, nur wenige Schlüsselbegriffe zu markieren, die Schülerübung wird nachvollzogen. Ein Gespür für die möglichen Probleme bei den Schülern soll geschaffen werden.
Erarbeitung IV und Sicherung 25 Minuten Gruppenarbeit und 10 Minuten Erfahrungsaustausch	Eigenständige Erarbeitung / Kennenlernen verschiedener Leseübungen	Lesemappe	Gruppenarbeit, Bericht im Plenum	Diese Phase gibt den Teilnehmern die Möglichkeit selbstgesteuert in einer Gruppe die einzelnen Übungen kennen zu lernen, evtl. durchzuführen und zu besprechen. Anschließend besteht Gelegenheit zur Aussprache im Plenum
Abschluss-reflexion 5 Minuten	Evaluation des Workshops	Fragebogen	Einzelarbeit	Hierzu wird den Teilnehmern der Originalfragebogen zur Bewertung der Lesewoche ausgehändigt. Sie werden gebeten, das Wort „Projekt" durch „Workshop" zu ersetzen und somit den Moderatoren eine Rückmeldung zu geben.

Abbildung 13: Synopse des Workshops „Lesewoche"

Material zum Workshop Lesewoche

Arbeitsanweisung 1

Finde zu den Punkten 1 bis 3 des folgenden Textes passende Überschriften. Achte darauf, dass es sich bei 1 um die Überschrift des Textes handelt.

Nutze die Lesekarte, um dir den Text zu erschließen.

1 _____

2 _____

Am Anfang war das Zusammengehörigkeitsgefühl bei den ‚Rechten' unheimlich faszinierend. Den Druck der *Funktionäre* und den sektenhaften Gruppenzwang spürte ich erst später. Die ganze Freizeit haben wir zusammen verbracht, ‚rechte' Musik gehört, viel Alkohol getrunken und Aktionen geplant. Alle anderen Kontakte sind rasch verloren gegangen. Mit Tätowierungen, die ich nicht mehr entfernen kann, habe ich mir die Gesinnung auf die Haut brennen lassen. Es schweißt mächtig zusammen, dass man vor Staat verfolgt und von der Menschheit angelehnt wird. Ich kam mir manchmal vor wie ein Geächteter, ein ‚*Outlaw'*. Alles ändert sich, sogar die Sprache. Aus einem ‚T-Shirt' wird ein ‚T-Hemd', aus der ‚Homepage' eine ‚Heimatseite', aus einem ‚Faxgerät' eine ‚Fernablichtungsmaschine'. Michael Jackson ist tabu. Der hat die ‚falsche' Hautfarbe und spricht die ‚falsche' Sprache.

3 _____

Die Partei hat eine strenge Hierarchie. Da darf nur stramm rechts gedacht werden. Die ‚Kameradschaft' entpuppte sich als reine Unterordnung. Du giltst nur noch als Bestandteil des Ganzen. Als Mensch bist du völlig wertlos. Ich musste zuerst durch Mutproben und stramme Gesinnung beweisen, dass ich kein Feigling bin. Ich bin in der *NPD* dann zum Schreibtischtäter aufgestiegen und habe Pressearbeit gemacht. Dann ist mir bald klar geworden, dass die Führer die Drecksarbeit von den Jüngeren, den 15 – 18-Jährigen machen lasen; mit Bier und Schnaps wird die Hemmschwelle herabgesenkt.

4 _____

Irgendwann konnte ich die Zweifel nicht mehr verdrängen. Was macht es für einen Sinn, wenn Jugendliche, durch unsere Parolen verführt, einen Ausländer oder einen Obdachlosen mit Stiefeltritten attackieren? Oder einen Brandsatz in ein Asylbewerberheim werfen, bei dem Kinder verbrennen können? Ich will, ich muss aussteigen und weiß, dass es hart ist. Wenn das Aussteigen nicht so schwer wäre, gäbe es einige Neonazis weniger.

Worterklärungen: Funktionär: offizieller Beauftragter einer Partei

Outlaw: englisch: Geächteter

NPD: Nationalsozialistische Partei Deutschlands

Arbeitsanweisung 2

Situation: Der Aussteiger, der seine Geschichte erzählt, heißt Peter. Er gibt einem Radioreporter ein Interview. Bereite mit deinem Sitznachbarn das Gespräch vor und präsentiere es der Klasse.

Text verfasst nach: basta. Nein zur Gewalt. Infoschrift der AG Jugend & Bildung und dem BMI, 2001/2002,S. 8

5.3 Workshop Modul Didaktisierung von (Fach)-Texten: Geeignete Texte für Schülerinnen und Schüler auswählen und verständlich machen

Thomas Becker

Zielsetzung	Der Workshop vermittelt Einsichten in das Verständlichmachen von Sachtexten.
Zielgruppe	Lehrer/innen aller Fakultäten der Sekundarstufe I und II
Voraussetzungen	Keine
Materialien	Sachtexte aus dem schulischen Kontext
Dauer	4-6 Stunden

Einführung

Zu den wesentlichen Aufgaben der Schule und damit insbesondere des Deutschunterrichts zählt es, Schülerinnen und Schüler im Umgang mit Wort und Schrift so zu befähigen, dass sie sich erfolgreich mit dem privaten, beruflichen und öffentlich-gesellschaftlichen Umfeld auseinander setzen können. Sie sollten in der Lage sein, mündlich wie schriftlich situationsangemessen und adressatenorientiert zu handeln. Texte unterschiedlichster Art und Beschaffenheit sind hierfür weiterhin – auch im elektronischen Zeitalter – unverzichtbare Quellen des Wissens. Ein Text ist Medium der Verständigung und wichtigstes Mittel der Bereitstellung von Informationen in Schule, Studium und Beruf.

Lesen und lesend verstehen können sind notwendige Bedingungen erfolgreicher Rezeption. Wer den Umgang mit Schrift und Sprache beherrscht, für den sind dies zwei in der Regel problemlos miteinander verbundene Befähigungen: Wenn ich aufmerksam lese, verstehe ich auch für gewöhnlich, selbst wenn manche Texte auf den ersten Blick schwer zugänglich erscheinen.

Dieser Annahme widersprechen allerdings die Erfahrungen von Kolleginnen und Kollegen in vielen Teilen der Schulwelt. Für immer weniger Schüler heißt lesen können zugleich auch Sinn stiftend lesen oder vorlesen können, und nicht jeder „gut" – weil fließend – gelesene Text ist ein von den Schülern zugleich angemessen verstandener Text. Mathematisch und naturwissenschaftlich durchaus begabte Schüler scheitern eher am Unvermögen, die Aufgabenstellung in einer „Textaufgabe" zu ermitteln, als am Lösungsweg einer einmal erkannten Problemstellung.

Die Ursachen dieser Entwicklung, die in den jüngsten PISA-Studien zum Lesevermögen deutscher Schülerinnen und Schüler offen gelegt wird, sind vielschichtig. Hier stellt sich die Frage, ob und wie Unterricht anders gestaltet werden muss, um dieser Entwicklung zu begegnen. Für den Umgang mit Schrift und Text im schulischen Alltag müssen sicherlich bislang gültige Vorannahmen überdacht und möglicherweise geändert werden.

- So ist im Unterricht damit zu rechnen, dass auch Texte in Schulbüchern, die als didaktisch aufbereitet und schülernah formuliert gelten können, vielen bereits echte Schwierigkeiten im Umgang mit dem darin präsentierten Thema bereiten.

- Umso mehr können Texte, die zur Information und Vertiefung schulischer Themen aus unterschiedlichsten Medien und Quellen herangezogen werden, schneller eine unüberwindliche Hürde darstellen als zu einer Hilfestellung werden.

- Der Deutschunterricht wird stärker als bisher darauf achten müssen, dass Schülerinnen und Schüler aller Altersstufen Formen des Sinn stiftenden Lesens aktiv anwenden, beständig üben und vertiefend weiterentwickeln. Ohne diese Kontrolle des Lesevermögens auch in fortgeschrittenem Schüleralter besteht die Gefahr der „Entwöhnung" im Umgang mit der Schrift, die letztlich zum funktionalen Analphabetismus führen kann.

- Nicht allein der Deutschunterricht kann sich dieser Aufgabe widmen, sondern in allen Unterrichtsfächern muss darauf geachtet werden, dass Inhalte lesend verstanden und Formen des Sinn stiftenden Lesens methodisch gesichert angewendet werden.

Für viele Kolleginnen und Kollegen, gleich welcher Schulform und Fächerkombination, rücken mit diesem Befund u.U. erstmals Fragen in den Vordergrund, die verständlicherweise nicht notwendig Gegenstand von Aus- und Weiterbildung waren:

- Was heißt Lesen – genauer: Sinn stiftendes Lesen? Wie muss man sich die „Entnahme" von Sinn und Bedeutung aus Texten vorstellen? Welche Konzepte des Lesens und Lesenkönnens hält die Wissenschaft bereit? Welche Annahmen für den Unterricht lassen sich daraus ableiten? Wie gestalten meine Schülerinnen und Schüler ihren Leseprozess?

- Welche bedeutsamen Entwicklungstendenzen zeigt unsere Schriftsprache? Wird sie komplizierter oder einfacher und schlichter? Welche Antworten kann uns eine historisch gewendete Forschung im Umgang mit der Struktur und Verständlichkeit von Schriftsprache geben? Sind Fachsprachen oder Jugendslang ein unterrichtliches Problem?

- Gibt es Kriterien dafür, dass ein Text als einfach oder verständlich eingeschätzt werden kann? Wann ist ein Text schwer verständlich und woran erkenne ich die Sinn verstellenden Schwierigkeiten?

- Gibt es Möglichkeiten, Texte durch einfache Mittel zu entlasten? Welche Schritte kann ich Lesern anbieten, damit sie sich Erfolg versprechend mit der Lektüre eines Textes auseinander setzen?

Die angeführten Fragen verweisen jeweils auf sehr unterschiedliche Perspektiven des Umgangs mit Schriftsprache und ihrer wissenschaftlichen Erforschung. Alle damit angesprochenen wissenschaftlichen Disziplinen vermögen jedoch Auskünfte über den Umgang mit Texten zu liefern, die im Unterricht sowohl Lehrenden als auch Unterrichteten weiterhelfen können. Die aufgeworfenen Fragestellungen rekurrieren nämlich auf sämtliche an schriftlicher Kommunikation – genauer: an der Rezeption von Schriftsprache – beteiligten Elemente, wie sie in Kapitel 2 dargestellt wurden: Zu nennen ist hier der aktive Leseprozess als (Re-)Konstruktion von Sinn und Bedeutung eines Textes. Bedeutsam sind die kognitiven und physiologischen Vorgänge auf der Leserseite wie auch die sprachliche Beschaffenheit eines Textes sowohl auf der Ausdrucks- wie der Inhaltsseite. Nicht zuletzt interessiert die Beurteilbarkeit von Texten nach ihrem Adressatenbezug und ihrer Verständlichkeit. Ansätze zu einer kognitionspsychologisch fundierten Theorie der Textverständlichkeit können hierbei unterrichtlich relevante Fragen beantworten helfen.

Ziele des Workshops

Der Workshop „Didaktisierung von (Fach) –Texten" beabsichtigt, Einsichten in diesen komplexen Zusammenhang zu vermitteln. Er richtet sich an Lehrerinnen und Lehrer aller Fakultäten der Sekundarstufe I und II und hat folgende Ziele:

Er möchte die Teilnehmer/innen sensibilisieren

- für Phänomene der neueren Sprachentwicklung, insbesondere in den technischen Fachsprachen.

- für den komplexen Prozess des Lesens und Verstehens und die damit verbundenen kognitiven Abläufe.

- für die Erkenntnis, dass Textverständlichkeit keine Eigenschaft eines Textes „an sich" ist, sondern dass sie eine relative Größe in Bezug auf einen jeweiligen Leser in einer konkreten Kommunikationssituation ist.

Er vermittelt den Teilnehmer/innen

- Kenntnisse eines Modells der Textverständlichkeit, mit dessen Hilfe die Komplexität und Leserfreundlichkeit von Sachtexten eingeschätzt werden kann.

- Beurteilungskriterien für die Auswahl von Fachtexten, so dass Lehrerinnen und Lehrer gezielt geeignetes Textmaterial für ihre jeweiligen Lerngruppen auswählen können.

- Strategien der redaktionellen Textbearbeitung, mit deren Hilfe komplexe, schwer verständliche Fachtexte adressatenorientiert so aufbereitet werden können, dass die dargestellten Sachverhalte von der jeweiligen Schülergruppe erfasst und bearbeitet werden können.

Im Folgenden sollen die Themenschwerpunkte des Workshops kurz vorgestellt werden. Zunächst werden die Arbeiten zur Leserpsychologie und die jedem Lesen zugrunde liegenden kognitiven Prozesse in den Blick genommen (vgl. u.a. Grzesik 1990; Ballstaedt 1997; Ballstaedt / Mandl /Schnotz / Tergan 1981; Groeben 1982).

Einheit 1: Der Leseprozess

Im Mittelpunkt steht die Betrachtung von fünf Grundprinzipien des Lesens und Lernens (vgl. Willenberg 1999):

- Das Miteinander von cerebralen Teilfähigkeiten und die Beschreibung komplexer simultaner Prozesse unterschiedlichster Hirnareale: Grundlagen einer konstruktivistischen Theorie des Lesens; die besondere Bedeutung der Emotionen beim Lesen und Lernen.

- Das Ringen um Dominanz, d. h. um Anteile aktiver Synapsen sowie die dazu nötigen und möglichen „Anwärmzeiten".

- Das Bemühen um klar umgrenzte Bearbeitungsgrößen, da nur sie Aussicht haben auf Stabilität und Kontinuität.

- Die Konvergenz disparater Teilprovinzen des Gehirns, die zur Erstellung komplexer Leistungen notwendig ist – die Funktion des so genannten Synfire.

- Lernbereitschaft: nervliche Wachheit als eine notwendige Bedingung menschlicher Aktivitäten, insbesondere des Lesens und Lernens.

Einheit 2: Entwicklungstendenzen der deutschen Schriftsprache

Von Interesse sind auch Arbeiten zu einer vorherrschenden Entwicklungstendenz der deutschen Sprache, die von der expliziten Ausdrucksweise des Barock zur Komplexität der modernen Schriftsprache geführt hat (vgl. Polenz von 1985). Bereits in den 60er und 70er Jahren beschrieben Linguisten sprachliche Phänomene wie die Tendenzen zur Substantivierung und Kondensierung insbesondere in den technischen Fachsprachen. Sie gelten als Mittel der Ökonomisierung des sprachlichen Ausdrucks. Vorgestellt werden drei Arten des sprachökonomischen Ausdrucks:

- elliptisch, auslassend

- komprimiert, verdichtet, kondensiert

- implikativ, mitenthaltend, mitmeinend

Ellipsen sind sowohl in der Lexik wie auch im Satzbau vorhanden. Anzeigentexte liefern hier reiches Anschauungsmaterial: *„Nähe TH: 2 ZKnDB 76m² in san. AB an ruh., solv. Paar oh. Anh.; 2. OG; AR; KM 480,-+NK, Kaut 2MM"*. Besonders die elektronischen Medien haben die Kultur der Auslassung befördert: Texte per Email und sms verschickt ähneln eher Kryptogrammen als lesbaren Zeichenfolgen. Lexikalische Beispiele komprimierender Ausdrucksweise sind vor allem Komposita sowie Derivationen, die zu erläutern es ganzer und oft mehrerer Sätze bedarf. Was verbirgt sich beispielsweise hinter Ausdrücken wie *Gleichstromaggregat, Abseitsregelung* oder *Gebühreneinzugszentrale*?

Naturgemäß noch komplexer sind Fälle satzsemantischer Sprachökonomie: Folgendes Beispiel aus einem Deutschbuch für Berufsschulen erläutert die literarische Epoche des „Sturm und Drang" (1765-1785) als

> „[...] eine Protestbewegung meist junger Menschen. Diese meist dem aufstrebenden Bürgertum angehörenden Jugendlichen lehnten sich gegen die bestehenden gesellschaftlichen Verhältnisse unter dem noch herrschenden Feudaladel auf und forderten die Freiheit des Individuums." (Grunwald, Karola / Helldörfer, Thomas/Seifert, Undine / Wagner, Werner (2003))

Dieser Satz sperrt sich der schnellen Verarbeitung. Er ist zwar nicht hypotaktischer Natur und illustriert eben nicht die für das Deutsche oft apostrophierte Satzschachtelung, und dennoch wirkt er komplex. Er ist parataktisch strukturiert und eigentlich „einfach gestrickt": Jugendliche lehnen sich auf und fordern Freiheit. Komprimiert und damit unübersichtlich wird er durch viele nach links wie nach rechts erweiternde Attribute. Explizite Attribuierung ist der *eine* Weg zur Verdichtung der Inhalte, Implikationen und mitgemeinte Inhalte der häufig verwendete *andere*. Wer in einem politischen Wahlkampf den schlichten Slogan ausgibt: *„Es ist Zeit für ehrliche Leute"*, der teilt gehörig aus und meint für alle erkennbar mehr als er sagt.

Die präzis und ökonomisch verfahrenden und oft auch so darstellenden technischen Disziplinen haben ein Vorbild geliefert, dem sich die Schriftsprache nur schwer hat entziehen können. Kompaktformen haben als Sparformen Einzug in die Schriftsprache gehalten mit dem allgemeinen Nachteil, dass komprimierte sprachliche Strukturen auch zugleich unüberschaubar und schwer verständlich sind. Sprachliche Ökonomie wird erkauft mit der Komplexität der Inhalte, deren Aufnahme und Verarbeitung geübte – und oft wohlwollend-geduldige – Leserinnen und Leser voraussetzt.

Einheit 3: Ansätze zur einer Theorie der Textverständlichkeit

Ein weiterer Baustein zu einem theoriegeleiteten, aber praktisch gewendeten Umgang mit Texten liefern uns Ansätze aus der Forschung zur Textverständlichkeit. Die Seminarteilnehmer setzen sich mit einem kognitionspsychologisch orientierten, vierdimensionalen Textmodell auseinander und lernen Empfehlungen zur Beurteilung von Texten kennen, indem sie anhand von Checklisten die Verständlichkeit von Texten in Bezug auf unterschiedliche Adressatengruppen beurteilen (vgl. dazu Langer /Schulz gruppen beurteilen (vgl. dazu Langer /Schulz v. Thun /Tausch 1990; Groeben 1982). Diese vier Textdimensionen im Überblick genannt sind:

- Grammatisch-stilistische Einfachheit
- Semantische Redundanz (Kürze / Prägnanz)
- Kognitive Strukturierung (Gliederung / Ordnung)
- Zusätzliche Stimulans (Interessantheit / Kurzweiligkeit)

Wer Texte verfasst oder sie unterrichtlich einsetzt, wird sich wiederholt fragen müssen, ob er mit dem Textmaterial seine Adressaten auch erreicht, ob die Inhalte angemessen vermittelt sind und genügend dafür getan ist, dass den Lesern der Umgang mit dem Text erleichtert wird. Die genannten Dimensionen der Textverständlichkeit eröffnen die Möglichkeit zu prüfen, ob und in welchem Maße etwa auf der Wort- und Satzebene (Dimension: Grammatisch-stilistische Einfachheit) dem Leser zu- oder entgegengearbeitet wird. Texte, die einen roten Faden vermissen lassen oder den Lesern nicht wiederholt anzeigen, welche Rolle eine Textpassage im Gesamtzusammenhang des Textes hat, haben Mängel auf der Ebene der leserorientierten Gliederung (Dimension: Kognitive Strukturierung: Ordnung) und werden oft als schlecht nachvollziehbar aus der Hand gelegt.

In dieser Auseinandersetzung mit den grammatisch-stilistischen Figuren und textsemantischen Strukturen sowie den anderen grundlegenden Themenbereichen erarbeiten sich die Teilnehmer/innen einen Fundus an verschiedenen Umgangsmöglichkeiten mit Texten:

- Sie lernen, begründet zu entscheiden, welche Texte für welche Schülergruppen unterrichtlich einsetzbar sind.
- Sie erkennen schnell, an welchen Stellen in Texten die Schüler Schwierigkeiten haben werden und wie sie ihnen helfen können, diesen zu begegnen.
- Sie entwickeln Methoden, komplexe Sachtexte durch geeignete Fragestellungen vorzuentlasten und zugänglich zu machen.
- In besonderen Fällen können schwierige Informationstexte durch einfache Umformulierungen auch so modifiziert werden, dass sie doch noch Gewinn bringend im Unterricht eingesetzt werden können.
- Sie erfahren, welche Wege sie ihren Schülern aufzeigen können, sich komplexen und zunächst unzugänglich erscheinenden Texten zu nähern, mit welchem Handwerkszeug sich eine Verlangsamung des Lesens zum Zwecke des besseren Verständnisses erreichen lässt.
- Die theoriegeleitete Rezeption von Texten kann den Teilnehmer/innen eine Hilfestellung bieten, wenn es darum geht, eigene Texte zu planen, zu strukturieren und auszuformulieren.

- Nicht zuletzt ist der verständnisvolle Umgang mit Texten auch dazu geeignet, sich mit der weiterführenden Frage fundiert zu befassen, wie Schüler leichter auf dem Weg vom erfolgreichen Lesen zum erfolgreichen Schreiben begleitet werden können.

5.4   Workshop Modul D: Sprachförderung durch Fachlehrer/-innen

Bernd D. Wehnert

Zielsetzung	• Sensibilisierung für Fachsprachenprobleme • Kongruenz von Fachunterricht und Deutschunterricht • Fachsprachliche Vorbereitung auf den Deutschunterricht und betriebliche Arbeitsabläufe • Anwendung von Methoden zur fachsprachlichen Förderung im Fachunterricht
Zielgruppe	• Fachlehrer aus kaufmännischen und gewerblich-technischen Schulen
Voraussetzungen	• keine
Materialien	• Fachbücher, die auch von Schülern verwendet werden (sollen) • Exemplarische Texte für die Arbeit im Workshop
Dauer	• 4 Stunden

Einheit 1:   Sensibilisierung für fachsprachliche Probleme

Nach einer gängigen Definition sind Fachsprachen Varianten bzw. Varietäten einer natürlichen Sprache, wie z.B. des Deutschen. Sie zeichnen sich durch eine spezielle Lexik, durch eine spezielle Auswahl aus dem Inventar der jeweiligen Grammatik, durch die Verwendung spezieller Textsorten aus. Sie dienen als Mittel der fachlichen Kommunikation, als Instrument des begrifflichen Denkens, als Medium der Fixierung und Tradierung fachlichen Wissens, sowie als eine besondere Form des fachlichen Handelns.

Innerhalb der fachsprachlichen Kommunikation gibt es eine Reihe von Textsorten, die sich - abgesehen von den Inhalten – durch spezielle textuelle, grammatische und lexikalische Besonderheiten auszeichnen. Eine besondere Sorte fachlicher Texte sind Lehr-Lerntexte, wie sie in Fachbüchern zu finden sind, die der beruflichen Ausbildung dienen, sowie weitere im Unterricht verwendete schriftliche Aufgabenstellungen und Prüfungstexte. Sie sind in der Regel von Fachleuten, Lehrern und anderen Schulbuchautoren für Auszubildende der verschiedenen Berufe geschrieben. Obwohl diese Texte nicht für Fachleute, sondern für Lernende geschrieben sind, weisen sie alle u. g. fachsprachlichen Merkmale auf und sind für fachsprachlich nicht geübte Schüler der berufsbildenden Schulen schwer verständlich. Sinnentnehmendes Lesen im Unterricht und vor allem selbstgesteuertes Lernen zu Hause führt deshalb oft nicht zu dem gewünschten Lernergebnis.

Diese für Fachlehrer/innen oft nicht zugänglichen Ursachen des für beide Seiten (Lehrer und Schüler) unbefriedigenden Lernergebnisses sollen in der Einheit 1 thematisiert werden. Dazu werden Originalauszüge aus Fachbüchern herangezogen, die die Stolpersteine auf dem Weg des Verständnisses verdeutlichen.

Beispieltext

Einrichten der Fräsmaschine

„Zunächst werden die in der Werkzeugvoreinstellung vermessenen Werkzeuge in das Werkzeugmagazin eingesetzt. Dabei müssen die im Programm vorgesehenen Positionen (T01 bis T09) eingehalten werden. Sind die Werkzeugkorrekturwerte auf Lochstreifen gespeichert, sind sie über Lochstreifenleser in die Steuerung zu übertragen. Ansonsten werden sie über die Tastatur in den Werkzeugkorrekturspeicher eingegeben. Das Werkstück wird laut Spannplan auf dem Maschinentisch befestigt. Nach dem Anschalten der Maschine wird der Referenzpunkt angefahren, damit die Steuerung die Position der Antriebsspindel im Maschinenkoordinatensystem kennt. Der Kantentaster, der sich in einer Werkzeugaufnahme im Werkzeugmagazin befindet, wird eingewechselt. Mit seiner Hilfe wird der Werkstücknullpunkt festgelegt. Mit geringer Umdrehungsfrequenz wird der Kantentaster im Handbetrieb langsam an das Werkstück gefahren. Dabei wird die Exzentrität des Unterteils immer geringer. Kurzzeitig kommt es zu einer zentrischen Bewegung von Ober- und Unterteil des Kantentasters. Zu diesem Zeitpunkt ist die Mitte der Werkzeugspindel um den Beitrag des Kantenradius vom Werkstück entfernt. [...] „

Quelle: Fachkenntnisse Metall, Industriemechaniker; Handwerk und Technik; Hamburg 1990.

Abbildung 14: Beispieltext „Einrichten einer Fräsmaschine

Was zeichnet Fachtexte aus?

*   elliptischer Satzbau (Messen des Stroms)
*   hohe Präzision
*   hoher Anteil an fachsprachlichen Elementen
*   verdichtete Sprache mit geringer Redundanz
*   Tendenz zur Nominalisierung

Textspezifische Mittel

*   Listen und Aufzählungen
*   Tabellen
*   Grafiken

- Definitionen
- Erklärungen
- Diagramme
- Fotos und Zeichnungen

In einem zweiten Schritt werden diese Texte mit der Zielrichtung Verständlichkeit im Hinblick auf die Anwendung der Schüler im Unterricht so bearbeitet (paraphrasiert), dass sie den Lernenden einen leichteren Zugang bieten können.

- Als Ergebnis soll festgehalten werden, durch welche Wortwahl und grammatischen Strukturen ein Fachtext an Komplexität zunimmt und dabei an Verständlichkeit verliert.
- Es soll die These überprüft werden, ob Fachlichkeit der Verständlichkeit entgegengesetzt ist.

Einheit 2: Was beeinflusst das Textverständnis?

Die Einheit 2 beginnt mit der Erarbeitung des persönlichen Textverständnisses eines Fachtextes. Zunächst wird der erste Leseeindruck (orientierendes Lesen) in Schwerpunkten festgehalten. Da die Teilnehmer/-innen aus unterschiedlichen Fachbereichen kommen, werden unterschiedliche Textverständnisse als Ergebnis präsentiert werden können. Der erste Texteindruck dient als Basis für die genauere Textarbeit (gründliches Lesen). Nach der gründlichen Textarbeit werden die Ursachen für das unterschiedliche persönliche Textverständnis diskutiert.

- Welche Erwartungen gab es an den Text?
- Welche Hilfsmittel wurden beim Lesen eingesetzt (z.B. Lesekarte)?
- Welches Vorwissen wurde aktiviert?
- Wie haben Bild, Grafik, Layout zum Verständnis beigetragen?

Die Bedeutung des Erstverständnisses eines Textes durch die Schüler soll durch diese Einheit betont werden. Vorverständnis und Vorkenntnisse des Schülers/der Schülerin müssen wie die anknüpfenden eigenen Fragestellungen ernst genommen werden, um damit das Interesse an der Weiterarbeit am Text zu fördern.

Einheit 3: Fachbücher effizienter im Unterricht einsetzen

Ein unbekannter Fachtext, der aus dem gemeinsamen Erfahrungsbereich der Teilnehmer entnommen wird, soll als Grundlage für die Fragestellung dienen, wie ein Fachlehrer methodisch zum Textverständnis und der Kompetenz zum selbst gesteuerten Lernen von fachlichen Inhalten beitragen kann.

Dazu wird in zwei Schritten gearbeitet:

1.   Vor dem Lesen

2.   Nach dem Lesen

Diese Aufteilung soll die Vorbereitung auf eine (Haus-)Aufgabe und die Nach-
bereitung in der nächsten Unterrichtsstunde simulieren. Zu beiden Schritten
werden Stichworte von den Teilnehmern erarbeitet.

Die anschließende Diskussion sollte sich an folgenden Stichworten orientieren:

Vorher:

• Erwartungen an den Text abfragen und/oder hervorrufen

• Auf einen Text neugierig machen – Was hat der Text mit mir zu tun
  (Schule – ICH – Betrieb)?

• Kontext klären

• Vorwissen hervorrufen

• Eigene Überschriften finden

• Wie formuliert man Fragen zum Textverständnis?

• Verwendung der Lesekarte im Unterricht und zu Hause

• Vereinfachung von Texten – Vorstrukturierung durch die Schüler

Nachher:

• Textreflexion des einzelnen Schülers

• Das Textverständnis des einzelnen Schülers reflektieren

• Unterschiedliches Textverständnis - gemeinsames Reden über den Text

• Aufgaben zum vertiefenden Verständnis und Behalten

• Weiterarbeit mit den Ergebnissen

• Schreiben von Zusammenfassungen

Es werden Methoden vorgestellt und trainiert, die es dem Schüler / der Schülerin ermöglichen sollen, wesentliche fachliche Inhalte den Texten besser zu entnehmen und mit dem Vorwissen und eigenen Erfahrungen zu verknüpfen. Das
Lesen wird dazu als hypothesen- und wissensgeleiteten Prozess betrachtet.
Nicht das Nichtverstandene, sondern das (global) Verstandene, das zu Verknüpfungen genutzt werden kann, sollte als Ausgangspunkt des Unterrichts
genommen werden.

Beispielübung zum Arbeiten mit einem Fachbuch

Beispiel 1: Die Bedeutung eines Fachbegriffs handlungsorientiert präsentieren

➢ Suchen Sie den Begriff ……………... im Fachbuch

    o   Versuchen Sie zunächst, den Begriff im Inhaltsverzeichnis einem Gliederungspunkt zuzuordnen.

    o   Suchen Sie den Begriff anschließend im Sachwortverzeichnis. Wenn Sie ihn nicht finden, suchen Sie einen Oberbegriff (z.B. Ottomotor ⇒ Motor)

Oberbegriff

………………………………………………………………………..

➢ Welche Informationen gibt

    o   das Wort?

    o   der Satz?

    o   der Text?

➢ Definieren Sie den Begriff

Unter ……………………... versteht man

…………………………………………….

➢ Zeichnen Sie ein Ablaufdiagramm zum Begriff (mit dem passenden Verb [Funktionsverb (z.B. öffnen) / Tätigkeitsverb (z.B. arbeiten]

Löten einer elektrischen Verbindung

nein

ja

Während das obige Beispiel ein sehr formales logisches Vorgehen erfordert, lässt das im Beispiel 2 dargestellte Mindmapping Freiräume, um eigene Erfahrungen und Probleme in die Darstellung mit einzubeziehen.

Beispiel 2: Mindmapping

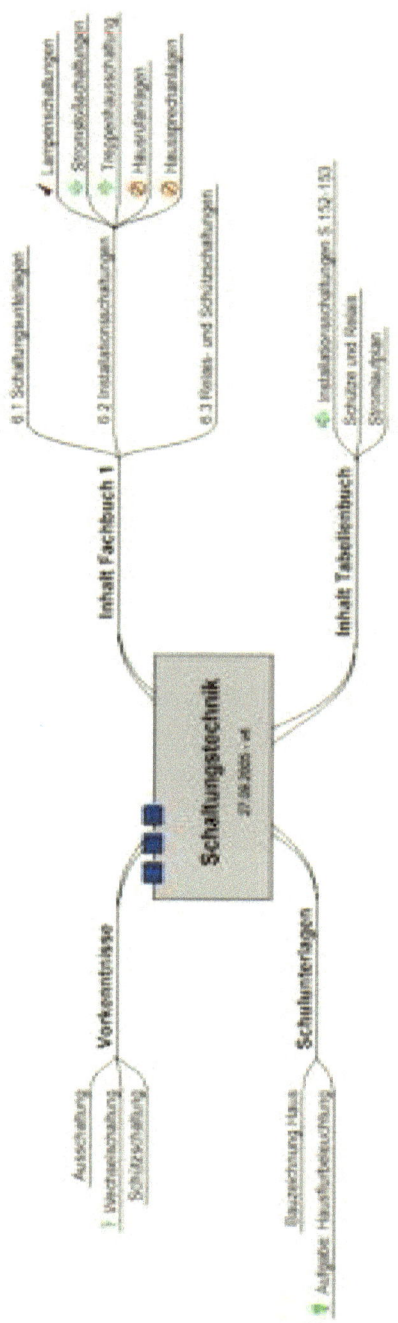

Einheit 4: Zusammenarbeit zwischen Deutsch- und Fachlehrern

Das gemeinsame Ziel der sprachlichen Handlungskompetenz für den Beruf kann effektiv nur durch eine fächerübergreifende Leseförderung und fachsprachliches Training durch Aktivierung der Schüler als „Fachleute" erreicht werden. Die abschließende Diskussion greift die Erfahrungen der vorangegangenen Einheiten auf und stellt sie in den Gesamtzusammenhang des Berufskollegs.

- Welches Selbstverständnis hat ein Fachlehrer? - Fachexperte versus Berufspädagoge
- Warum lesen Schüler? – Lesemotivation
- Was lesen Schüler im Fachunterricht?
- Was lesen Schüler im Deutschunterricht?
- Was haben die Texte mit dem Leben / der Arbeit des Schülers zu tun?
- Wie können betriebliche Arbeitsabläufe fachsprachlich im Unterricht integriert werden?
- Wie kann eine fächerübergreifend sprachliche Handlungskompetenz gefördert werden?
- Haben Deutsch- und Fachlehrer ein gemeinsames Ziel?

5.5   Moderation zur bildungsgangdidaktischen Einbindung der Leseförderung

Erhard Kusch

Zielsetzung	In dem Workshop werden umfassendere Kenntnisse zur Implementierung der Leseförderung und die dahingehenden Anforderungen an die Lehrer/innen im Berufskolleg erarbeitet. Das Problembewusstsein für die systemischen Anforderungen einer gezielten Einbindung der Leseförderung wird geschärft, und die Bereitschaft zur aktiven Weiterentwicklung der eigenen Arbeit im Unterricht wird gefördert.
Zielgruppe	Fach- und Deutschlehrer/innen aller Schulformen des Berufskollegs
Voraussetzungen	keine
Materialien	keine
Dauer	4 Stunden

Die Erfahrungen mit der Leseförderung im Berufskolleg machen deutlich, dass die einzelne Lehrkraft überfordert ist, um dieses Problem für sich und den eigenen Unterricht zufriedenstellend zu lösen. Und auch die oft praktizierte Überantwortung der Leseförderung an die Deutschlehrer/innen, die das Fach in der Regel nur 80 Stunden in den drei Jahren unterrichten, löst das Problem nicht. Die Förderung basaler Lesekompetenz muss bildungsgangdidaktisches Anliegen und damit ein Element der Bildungsgang- und Schulentwicklung werden. Erst eine gezielte, auf die Bedingungen in der einzelnen Schule abgestimmte Implementierung dahingehender Strukturen sichern eine systematische Leseförderung. Erst die Institutionalisierung von Diagnose- und Förderstrukturen öffnen Perspektiven für eine nachhaltige Unterstützung der Schüler/innen. Der Aufbau solcher Strukturen ist zugleich ein interessanter Ansatz für die Qualitätsentwicklung der Arbeit in der Schule.

Ausgehend von den Erfahrungen und Ergebnissen des Projekts Leseförderung sollen in dem Workshop umfassendere Kenntnisse zur Problematik der begrenzten Lesekompetenz von Berufsschüler/innen und der Möglichkeiten zur systematischen Förderung herausgestellt werden. Aufbauend darauf werden Ansätze zur Implementierung der Leseförderung und die dahingehenden Anforderungen an die Lehrer/innen im Berufskolleg erarbeitet. Das Problembewusstsein für die systemischen Anforderungen einer gezielten Einbindung der Leseförderung wird geschärft, und die Bereitschaft zur aktiven Weiterentwicklung der eigenen Arbeit im Unterricht wird gefördert.

Gestaltung der Moderation

Pha-sen	Inhalte	Interaktion / Materialien

1	**Erwartungen, Ziele und methodische Gestaltung**
	• Erwartungen der Teilnehmer/innen
	• Ziele der Veranstaltung
	• Methodische Gestaltung
	  1. Erwartungen und Ziele
	  2. Wesentliche Leseprobleme der (Berufs-) Schüler/innen
	  3. Ansätze zur Leseförderung
	  4. Ziele der Implementierung der Lesekompetenzförderung
		Plenum: Abfrage bei Teilnehmer/innen
		Materialien:
		Arbeitsblatt
		Darstellen / Abgleichen der Ziele
		Materialien:
		OHP- Folie
		Plakat Arbeitsschritte

	5. Potenziale und Grenzen der Leseförderung in der Berufsschule 6. Ansätze zur praktischen Umsetzung der Implementierung 7. Maßnahmen zur Weiterentwicklung und Sicherung der Nachhaltigkeit der Lesekompetenzförderung 8. Auswertung	
2	**Was sind wesentliche Probleme der Berufsschüler/innen, um den Sinn von Texten beim Lesen möglichst umfassend zu erschließen?**	Einzelarbeit: Lehrer führen den Lesekompetenz-Test (Fließtext) durch Materialien: Lese-Test Plenum: Vortrag der Ergebnisse der Analyse der Lesekompetenz in Berufsschulklassen
3	**Wie kann die Lesekompetenz unterstützt werden?** • Materialien • Methoden • Didaktische Konzeptionen	Plenum: Vortrag Material: Übersicht der im Projekt erarbeiteten Materialien
4	**Was erreichen wir durch die Implementierung der Leseförderung?** • Lernmotivation • Möglichkeiten zur Kompetenzförderung • Individualisierung von Lernen • effizientere Vermittlung von Fachinhalten • fundiertere Leistungsbewertung	Plenum: Diskussion der Ziele Materialien: OH-Folie (Sicherung der Ziele)

5	**Welche Rahmenbedingungen (Potenziale und Grenzen) bestimmen die Implementierung der Leseförderung in der Berufsschule?** • Sprachunterricht (i.d.R. 40 - 80 UStd / Ausbildung) • Berufsbezogener Unterricht • Betriebliche Ausbildung • Überbetriebliche Ausbildung	Plenum: Vortrag Impuls: Folie Einbindung in ein kooperatives Geflecht
6	**Wie kann die Förderung der Lesekompetenz in der Berufsschule gestaltet werden?** • Förderkonzept (unterstützt durch den Fachbereich Deutsch) • Förderschwerpunkte • Eingangsdiagnose (Schwerpunkte / Instrumente / Verfahren) • Förderansätze im Deutschunterricht • Erwartungen hinsichtlich der fächerintegrativen Einbindung der Leseförderung • Abschlussdiagnose • Materialien zur Unterstützung der Lesekompetenz	Vortrag: Angebot der Deutsch-Lehrkräfte Impuls: Konzept der gezielten integrativen Förderung Gruppenarbeit: Klären der Positionen in den Bildungsgangteams Plenum: Vorstellen der Positionen in den Bildungsgängen

7	**Wie kann die integrative Förderung der Lesekompetenz weiterentwickelt und deren Nachhaltigkeit gesichert werden?**
	• Verständigen über Möglichkeiten zur
	  • Einbindung in die Schulprogrammarbeit
	  • Einbindung in bildungsgangdidaktische Profile
	• Ansätze zur fachlichen Begleitung
		Plenum:
		Ableiten konkreter Ansätze zur Unterstützung der Verbindlichkeit einer fächerintegrativen Förderung der Lesekompetenz

8	**Was ist erarbeitet worden im Hinblick auf die Implementierung der Leseförderung?** • Arbeitsergebnisse • Weitergehende Erfahrungen • Wichtige gemeinsame Vereinbarungen	Blitzlicht auf Karten Vorstellung im Plenum

Literaturverzeichnis

Adamzik, Kirsten (2001) Sprache: Wege zum Verstehen. Tübingen: Francke (UTB Wissenschaft)

Adamzik, Kirsten (2004) Textlinguistik. Eine einführende Darstellung. Tübingen: Niemeyer

Aebli, Hans (1993) Zwölf Grundformen des Lehrens. Stuttgart: Klett-Cotta

Artelt, Cordula / Schneider, Wolfgang / Schiefele, Ulrich (2002) Ländervergleich zur Lesekompetenz. In: Baumert, Jürgen et al. (Hgg.) PISA 2000 - Die Länder der Bundesrepublik Deutschland im Vergleich. Opladen: Leske + Budrich

Aust, Hugo (2003) Entwicklung des Textlesens In: Bredel, Ursula/Günther, Harmut/Klotz, Peter u.a. (Hgg.) (2003) Didaktik der deutschen Sprache. Paderborn: Schöningh, S. 525-535

Ballstaedt, Steffen-Peter (1996) Bildverstehen, Bildverständlichkeit - Ein Forschungsüberblick unter Anwendungsperspektive. In: Krings, H. P. (Hg.) (1996) Wissenschaftliche Grundlagen der technischen Kommunikation. Tübingen: Narr, S. 191-233

Ballstaedt, Steffen-Peter (1997) Wissensvermittlung. Die Gestaltung von Lernmaterial. Weinheim: Beltz. Psychologie Verlags Union

Ballstaedt, Steffen-Peter / Mandl, Heinz / Schnotz, Wolfgang (1981) Texte verstehen, Texte gestalten. München: Urban und Schwarzenberg.

Baumert, Jürgen / Klieme, Eckhard / Neubrand, Michael u.a. (= Deutsches PISA-Konsortium) (Hg.) (2001) PISA 2000. Basiskompetenzen von Schülerinnen und Schülern im internationalen Vergleich. Opladen: Leske + Buderich

Baurmann, Jürgen/Müller, Astrid (2002) Experten und Anfänger lesen zusammen. Lesen und Verstehen von Sachtexten durch wechselseitiges Lehren und Lernen. In: Praxis Deutsch, Heft 176 /2002, S. 44-48

Chomsky, Noam (1980) Regeln und Repräsentationen: Sprache und unbewußte Erkenntnis. In: Hoffmann, Ludger (1996) (Hg.) Sprachwissenschaft. Ein Reader. Berlin: de Gruyter, S. 81-97

Christmann, Ursula/Groeben, Norbert (1999) Psychologie des Lesens. In: Franzmann, B./Hasemann, K./Löffler, D./Schön, E. (Hgg.) Handbuch Lesen. München: Saur, S. 145-223

Christmann, Ursula/Groeben, Norbert (1996) Textverstehen, Textverständlichkeit - Ein Forschungsüberblick unter Anwendungsperspektive. In: Krings, H. P. (Hg.) (1996) Wissenschaftliche Grundlagen der technischen Kommunikation. Tübingen: Narr, S. 129-189

Duden (⁴2001) Deutsches Universalwörterbuch. Mannheim: Dudenverlag

Ehlich, Konrad (1983) Text und sprachliches Handeln. Die Entstehung von Texten aus dem Bedürfnis nach Überlieferung. In: Assmann, A./Assmann, J./Hardmeier, Ch. (Hgg.) (1983) Schrift und Gedächtnis. München: Fink, S. 24-43

Feilke, Helmuth (2002) Lesen durch Schreiben. Fachlich argumentierende Texte verstehen und verwerten. In: Praxis Deutsch Heft 176 /2002, S. 59-66

Groeben, Norbert (2002) Dimensionen der Medienkompetenz. Deskriptive und normative Aspekte. In: Groeben, Norbert/Hurrelmann, Bettina (Hgg.) Medien-kompetenz. Voraussetzungen, Dimensionen, Funktionen. Weinheim, München: Juventa, S. 160-197

Groeben, Norbert/Hurrelmann, Bettina (Hgg.) (2002a) Lesekompetenz. Bedin-gungen, Dimensionen, Funktionen. Weinheim, München: Juventa

Groeben, Norbert/Hurrelmann, Bettina (Hgg.) (2002b) Medienkompetenz. Voraussetzungen, Dimensionen, Funktionen. Weinheim, München: Juventa

Groeben, Norbert (1982) Leserpsychologie. Textverständnis - Textverständlich-keit. Münster: Aschendorff

Grunwald, Karola u.a. (2003) Deutsch für die berufliche Oberstufe. Hamburg: Handwerk und Technik

Grzesik, Jürgen (1990) Textverstehen lernen und lehren. Stuttgart: Klett

Günther, Hartmut (2004) Über Lesekompetenz. Köln: mimeo

Habermas, Jürgen (1981) Theorie des kommunikativen Handelns. (2 Bde.) Frankfurt: Suhrkamp

Hurrelmann, Bettina (2002) Leseleistung - Lesekompetenz. Folgerungen aus PISA, mit einem Plädoyer für ein didaktisches Konzept des Lesens als kulturel-ler Praxis. In: Praxis Deutsch Heft 176 /2002, S. 6-18

Klafki, Wolfgang (1985) Neue Studien zur Bildungstheorie und Didaktik. Bei-träge zur kritisch-konstruktiven Didaktik. Weinheim & Basel: Beltz

Klieme, Eckhard et al. (2003) Zur Entwicklung nationaler Bildungsstandards. Eine Expertise. Bonn: BMBF (www.bmbf.de)

Klotz, Peter (2003) Lesetechniken - eine Grundlagenskizze. In: Bredel, Ursu-la/Günther, Harmut/Klotz, Peter u.a. (Hgg.) (2003) Didaktik der deutschen Sprache. Paderborn: Schöningh, S. 548-550

Langer, Inghard/Schulz von Thun, Friedemann/Tausch, Reinhard (1990) Sich verständlich ausdrücken. München, Basel: Ernst Reinhardt Verlag

Menzel, Wolfgang (2002) Lesen lernen dauert ein Leben lang. Methoden zur Verbesserung der Lesefähigkeit und des Textverständnisses. In: Praxis Deutsch, Heft 176 /2002, S. 20-40

Piaget, Jean (195311982/5) Sprechen und Denken des Kindes. (1.Ausg. 1925) Düsseldorf: Schwann

Polenz, Peter von (1985) Deutsche Satzsemantik. Grundbegriffe des Zwischen-den-Zeilen-Lesens. Berlin, New York: W. d. Gruyter

Reich, Kersten (2002) Systemisch-konstruktivistische Pädagogik. Einführung in Grundlagen einer interaktionistisch-konstruktivistischen Pädagogik. Neu-wied/Kriftel: Luchterhand

Robinson, F. P. (1948) Effective Study. New York

Sutter, Tilmann/Charlton, Michael (2002) Medienkompetenz - einige Anmer-kungen zum Kompetenzbegriff. In: Groeben, Norbert/Hurrelmann, Bettina (Hgg.) Medienkompetenz. Voraussetzungen, Dimensionen, Funktionen. Wein-heim, München: Juventa, S. 160-197

Voß, Reinhard (Hg.) (2002) Die Schule neu erfinden. Systemisch-konstruktivistische Annäherungen an Schule und Pädagogik. Neuwied/Kriftel: Luchterhand

Weinert, Franz E./Helmke, Andreas (Hgg.) (1997) Entwicklung im Grund-schulalter. Weinheim: Psychologie Verlags Union

Weinert, Franz E. (2001) Leistungsmessungen in Schulen. Weinheim und Basel: Beltz.

Willenberg, Heiner (1999) Lesen und Lernen. Heidelberg, Berlin: Spektrum-Akademischer Verlag

Verzeichnis der Autorinnen und Autoren

Thomas Becker ist Stellvertretender Schulleiter am Berufskolleg Jülich des Kreises Düren. Studium der Fächer Germanistik und Sozialwissenschaften in Aachen (1. und 2. Examen/Sek. II). Nach dem Referendardienst als Wiss. Angestellter tätig am Germanistischen Institut der RWTH Aachen. Arbeitsschwerpunkte: Textverständlichkeit und Leserpsychologie, Sprachberatung; seit 1992 im Schuldienst. Kontakt: Th1Becker@web.de

Michael Becker-Mrotzek, Dr. phil. ist Professor für deutsche Sprache und ihre Didaktik an der Universität zu Köln. Studium für das Lehramt der Sekundarstufe II mit den Fächern Germanistik und Sport (1. und 2. Staatsexamen), 1986 Promotion an der Universität Hamburg, 1990 – 1996 Wissenschaftlicher Assistent an der Universität Münster, Habilitation mit einer Arbeit zur Schreibentwicklung, 1996 – 1999 Hochschuldozent in Münster, seit 1999 Professor an der Universität zu Köln. Arbeitsschwerpunkte im Bereich der Schreib- und Leseforschung, Gesprächsforschung und Sprachdidaktik. Kontakt: Becker.Mrotzek@uni-koeln.de

Helga Carduck ist Oberstudienrätin mit den Unterrichtsfächern Deutsch und Kommunikation sowie Rechnungswesen und Mathematik. Sie ist stellvertretende Bildungsgangleiterin im Bildungsgang Einzelhandel und seit 1992 im Schuldienst. Kontakt: Helga.Carduck@t-online.de

Sabine Heister, Lehrerin, Studium der Fächer Germanistik und Philosophie SEK I/II in Münster, am BK Jülich tätig im Bereich der Vollzeitklassen: Höhere Berufsfachschule für Wirtschaft und Verwaltung, Berufsfachschule für Hauswirtschaft und Ernährung, Schwerpunkt: Altenpflege; im Bereich des dualen Systems in den Klassen der Ausbildungsberufe: Bäcker, Fleischer, Bäckereifachverkäuferinnen, Fleischereifachverkäuferinnen. Unterrichtsfächer: Deutsch/Kommunikation, Altenpflege, Soziallehre. Kontakt: Sabine.Heister@gmx.de

Rebecca Drommler ist Wissenschaftliche Hilfskraft am Institut für deutsche Sprache und ihre Didaktik an der Universität zu Köln und Angestellte im Marketing des Unternehmens GIF – Gesellschaft für Industrieforschung mbH in Alsdorf. Studium für das Lehramt der Sekundarstufen II und I mit den Fächern Germanistik und Biologie an der RWTH Aachen, seit 2003 Promotion an der Universität zu Köln mit dem Thema „Entwicklung eines Lesemodells für Fachsprachen im Beruf". Arbeitsschwerpunkte in den Bereichen der Leseforschung, Textlinguistik, -verständlichkeit und Sprachdidaktik. Kontakt: Rebecca.Drommler@gmx.de

Matthias Knopp, Studium für das Lehramt der Sonderpädagogik und Deutsch für die Sekundarstufe I (1. Staatsexamen), seit November 2003 Wissenschaftliche Hilfskraft am Seminar für Deutsche Sprache und ihre Didaktik an der Universität zu Köln, Promotion seit Januar 2003 zum Thema „(Sprach-) Didaktische Potenziale synchroner computervermittelter Kommunikation". Arbeitsschwerpunkte: Lernen und Lehren mit Neuen Medien. Sprache und Kommunikation in den Neuen Medien. Kontakt: Matthias.Knopp@uni-koeln.de

Erhard Kusch, Schulleiter. Studium für das Lehramt der Sekundarstufe II mit den Fächern Bautechnik und Deutsch, 1986 - 1988 Wissenschaftlicher Assistent an der RWTH Aachen mit dem Arbeitschwerpunkt berufspädagogische Forschung und Lehrerausbildung, 1992 – 1995 Mitarbeit in der Curriculumentwicklung am Landesinstitut für Schule und Weiterbildung in Soest, 1994 – 1995 Fachberater für Bautechnik der Bezirksregierung Köln, 1995 – 1999 Fachleiter für Bautechnik am Studienseminar Aachen, 1997 – 2000 Lehrbeauftragter der RWTH Aachen für die Fachdidaktik der Bautechnik. Seit 1999 leitet er das Berufskolleg für Technik Düren. Kontakt: E.Kusch@bk-technik-dueren.de

Wolfgang Macko, Studienrat für die Fächer Deutsch und Wirtschaftswissenschaften Sekundarstufe II/b, Studium an der RWTH-Aachen, Referendaraus-bildung am Studienseminar Köln und dem Nell-Breuning-Berufskolleg in Frechen, seit 2000 tätig am BK Jülich im Bereich der Vollzeitklassen: Höhere Be-rufsfachschule für Wirtschaft und Verwaltung; im Bereich des dualen Systems in den Klassen der Ausbildungsberufe: KfZ-Mechatronik (stellvertretende   Bildungsgangleitung), Automobilkaufleute und in einer Klasse des Bildungsganges   „Jugendliche   ohne Ausbildungsverhältnis" mit dem Schwerpunkt Wirtschaft. Unterrichtsfächer: Deutsch/ Kommunikation, Rechnungswesen, Automobilbetriebslehre und Wirtschaftslehre. Kontakt: macbaes@aol.com

Susanne Mertens-Eymael ist Studienrätin mit den Fächern   Deutsch,   Rechnungswesen   und Verkaufskunde/ Verkaufskommunikation. Nach der Ausbildung   zur   Einzelhandelskauffrau (Automobilkauffrau) und anschließender beruflicher Tätigkeit 1989-1995 Studium für das Lehramt der Sekundarstufe II mit den Fächern Wirtschaftswissen-schaften und Deutsch (1. Staatsexamen) in Aachen. 1995-1997 Referendariat am Studienseminar für beruf-liche Schulen in Köln (2. Staatsexamen). Seit 1998 am Berufskolleg Kaufmännische Schulen des Kreises

Düren schwerpunktmäßig in den Bildungsgängen Höhere Berufsfachschule, Höhere Berufsfachschule mit gymnasialer Oberstufe und Einzelhandelskaufleute. Arbeitsschwerpunkt in den Bildungsgängen im Bereich der Entwicklung von Konzepten zur Förderung der Schreib- und Lesekompetenz sowie der Schulentwicklung (Schulprogrammarbeit). Kontakt: Mertens-Eymael@gmx.de

Christian Schäfer ist Studienrat mit den Fächern Deutsch, Wirtschaft und Politik. Nach der Ausbildung zum Bundesbankinspektor 1992 –1997 Studium für das Lehramt der Sekundarstufe II mit den Fächern Deutsch und Wirtschaft (1. Staatsexamen) in Köln, 1998-2000 Referendariat am Studienseminar für berufliche Schulen in Duisburg (2. Staatsexamen). Seit 2000 am Berufskolleg Kaufmännische Schulen des Kreises Düren schwerpunktmäßig in den Bildungsgängen Höhere Berufsfachschule, Bankkaufleute und Rechtsanwaltsfachangestellte. Kontakt: ChSchaefer@aol.com

Tobias Stevens ist Studienrat mit den Fächern Deutsch und Politik. Nach dem Zivildienst 1993 - 2000 Studium für das Lehramt der Sekundarstufe II mit den Fächern Deutsch und Geschichte (1. Staatsexamen) in Gießen, Bonn und Granada, Spanien. 2001-2003 Referendariat am Studienseminar für die Sekundarstufe II in Essen (2. Staatsexamen). Seit 2003 am Berufskolleg für Technik des Kreises Düren schwerpunktmäßig eingesetzt in den Bildungsgängen Berufsfachschule, Bautechnik und Gymnasiale Oberstufe. Kontakt: TobiasStevens@web.de

Marita Schiffer, Lehrerin i. A. für Deutsch, Erdkunde und kath. Religion am Berufskolleg Kaufmännische Schulen des Kreises Düren. Studium für das Lehramt der Sekundarstufe II an der RWTH Aachen (1. und 2. Staatsexamen), 1984 – 1993 Dozentin für Deutsch als Fremdsprache bei den Carl Duisberg Centren in den Collegs Radolfzell und Köln, Familienpause mit Tätigkeit als Bibliothekspädagogin in der Stadtbücherei Jülich, 1998 – 2002 Reha-Ausbilderin im Berufsförderungswerk für Blinde u. Sehbehinderte in Düren mit den Schwerpunkten Deutsch, Deutsch als Fremdsprache, seit 2002 am BKS Düren vorwiegend in den Bildungsgängen Handelsschule, Höhere Handelsschule, Berufsschule (Einzelhandel, Rechtsanwaltsfachangestellte) und in der Benachteiligtenförderung tätig. Kontakt: Helge.Schiffer@onlinehome.de

Judith Wahlers Studienrätin mit den Fächern Textil- und Bekleidungstechnik und Deutsch. Nach dem Abitur Ausbildung zur Textilmustergestalterin in Wuppertal, Studium für Berufschullehramt an der TU Hannover mit der berufliche Fachrichtung Textil- und Bekleidungstechnik und dem Zweitfach Germanistik und Referendariat am Studienseminar Hannover. Von 2000 – 2002 Kommunikationstrainerin bei der Firma NetCologne Gesellschaft für Telekommunikation mbH. Seit 2002 im Schuldienst des Berufskolleg für Technik in Düren. Kontakt: JWahlers@netcologne.de

Bernd D. Wehnert, Berufs- und Arbeitspädagogik, Handwerkskammer Aachen. Studium für das Lehramt der Sekundarstufe II mit den Fächern Elektrotechnik und Deutsch, Studium der Wirtschafts- und Berufspädagogik und Mediendidaktik, 1983 – 2002 Ausbilder und Dozent an verschiedenen Bildungsstätten des Handwerks mit dem Schwerpunkt Berufliche Fachsprachen. Seit 2003 Entwicklung von Fachsprachentrainings als Computergestütztes Lernen im Projekt EQUAL zur Integration von Migrantinnen und Migranten ins Handwerk. Kontakt: bernd.wehnert@hwk-aachen.de

Wolfgang Wergen, Studienrat für die Fächer Deutsch und Sozialwissenschaften, Studium an der RWTH Aachen und der Universität zu Köln, am BK Jülich tätig im Bereich der Vollzeitklassen: Höhere Berufsfachschule für Wirtschaft und Verwaltung; Berufsfachschule für Wirtschaft und Verwaltung (Handelsschule), im Bereich des dualen Systems in den Klassen der Ausbildungsberufe: Kaufleute für Bürokommunikation. Unterrichtsfächer: Deutsch/Kommunikation, Politik, Praktische Philosophie. Kontakt: j90.w55@t-online.de

Anhang

Material 1: Lesekarte für Lehrende

Modul „Lesetechniken"

Einführung in die Textarbeit (Lesetechnik)

Texte kann man aus unterschiedlichen Gründen lesen: um sich zu entspannen (Krimis, Rätsel) – um sich zu informieren (Kinoprogramm, Fahrplan, Vorschriften) – um etwas zu lernen (Fachtexte, Schulbücher). Die „Lesetechniken" zeigen, wie man Texte lesen soll, um daraus etwas zu lernen.

Lernen aus Texten erfolgt durch selbsterfassendes, intensives Lesen. Dabei werden neue Informationen in das eigene Wissen aufgenommen und verarbeitet. Je nachdem wie Sie lesen, können dabei Schwierigkeiten auftreten. Diese kann man überwinden, indem man methodisch und geplant vorgeht. Die folgenden Lesetechniken ermöglichen ein ökonomisches und intensives Lernen.

Benötigte Handwerkszeuge: Stift(e) oder Textmarker, Papier (z.B. Karteikarten), evtl. ein Wörterbuch und ein Lexikon.

Lesetechniken

0. Bei Bedarf: Nummerierung der Zeilen des Textes in Fünferschritten

Das Nummerieren des Textes bietet sich u.a. an, um Texte zu vergleichen und um darüber zu sprechen. So kann man leichter auf bestimmte Textstellen verweisen und Informationen lassen sich einfacher wieder finden.

1. Die Lesevorbereitung

Funktion: Leseabsicht, Vorwissen und besonders die Leseerwartung bewusst machen. Diese Lesevorbereitung empfiehlt sich besonders für Prüfungstexte, usw. (sie muss nicht immer auf jeden Text angewendet werden)

Fragen, die Sie sich zur Lesevorbereitung stellen sollten:

1.	Mit welchem Ziel will ich den Text lesen?	(Leseabsicht)
2.	Was weiß ich bereits über das Thema?	(Vorwissen)
3.	**Was kann ich von diesem Text erwarten?**	**(Leseerwartung)**

(Aktualisierung der Leseabsicht)
(Aktualisierung des Vorwissens)
(Leseerwartung/ Antizipation)

Um das eigene Vorwissen zum Thema zu aktivieren, kann man Assoziationen, Ideen oder Fragestellungen entwickeln, kommunizieren oder schriftlich fixieren.

Resultat: Durch das Aktivieren Ihres Vorwissens lenken Sie Ihre Aufmerksamkeit auf wichtige Aspekte im Text. Das Gelesene wird schneller und besser aufgenommen.

und können so neue Vorstellungen leichter integrieren. Das Gelesene ...

2. Das orientierende/ überfliegende Lesen

Funktion: Ermöglicht einen schnellen Überblick über den Text. Dadurch machen Sie sich in etwa bewusst, was Sie von dem Text erwarten können. Wenn Sie dabei feststellen, dass der Text ungeeignet ist, können Sie auf das „gründliche Lesen" (siehe unten, Punkt 3) verzichten.

"gründliche / intensive Lesen"

Erste Orientierungshilfen bieten:

- Klappentext, Einleitung, Vor- und Nachwort bei Büchern.
- Inhaltsverzeichnis
- Überschrift(en), Zwischenüberschrift(en) und Untertitel
- Hervorhebungen (z.B. Fettgedrucktes)
- Illustrationen und Grafiken
- die ersten Sätze des Textes, von Abschnitten, usw.

Beim Lesen der oben genannten Orientierungshilfen wird durch bekannte Begriffe, Ergebnisse, Daten, usw. das entsprechende Vorwissen aktiviert sowie die Leseerwartung geweckt. Wenn an einer markanten Stelle dagegen Unklares oder gänzlich Unbekanntes steht, entsteht eine Erwartungshaltung, dass zahlreiche neue Informationen an dieser Textstelle auftreten.

W-Fragen (Informationen aus dem Text ordnen):

Wer?

Wann?

Wo?

Was?

Wie?

Ergänzungsfragen:

Wovon handelt der Text?

Welches Vorwissen habe ich, um den Text zu verstehen?

Was muss ich noch wissen, um den Text zu verstehen?

Resultat: Mit Hilfe dieser Methode gewinnen Sie einen Überblick über den Text und können entscheiden, ob Sie den Text nutzen können oder nicht. Sie erhalten einen Einblick in das Thema des Textes.

3. Das gründliche Lesen

Funktion: Gründlichste Form des Lesens. Sie dient dem Erschließen des Textinhaltes und dem Erkennen von Sachzusammenhängen.

Lesen Sie den Text sorgfältig Abschnitt für Abschnitt. Markieren Sie, wenn vorhanden, folgende Textstellen:

3. Das gründliche/ intensive Lesen

Wichtige Textstellen:

- Kerngedanken
- Definitionen
- Schlüsselwörter

Unklare Textstellen:

- unbekannte Wörter/ Begriffe (im Lexikon nachschlagen)
- unverständliche Satzstrukturen
- Zweifelhaftes

Markierungszeichen:

- **Strich** oder **Kreuz** (Hervorhebung)
- **Ziffer** (Aufzählung, Gliederungspunkte)
- **Symbol** wie z.B. Pfeil
  oder Fragezeichen usw.
- **Stichwort** (inhaltliche Gedächtnisstütze)

Symbol wie z.B. Pfeil (visuelle Darstellung von Zusammenhängen) oder Fragezeichen usw. (persönliche Reaktion auf das Gelesene)

Es ist wichtig, dass Markierungen sparsam erfolgen. Wenn zu viel angestrichen wird, ist es schwierig, wichtige Informationen zu lokalisieren und zu behalten.

Neben den Markierungszeichen ist es hilfreich, den gelesenen Text zu untergliedern und zu den Sinnesabschnitten eigene Überschriften zu bilden. Auf diese Weise wird das Verständnis des Gelesenen erleichtert.

☑ **Resultat**: Sie verstehen den Text und seine Zusammenhänge.

☞ **4. Lernendes Lesen**

Funktion: Das Gelesene durch eine aktive Auseinandersetzung mit dem

4. Lernendes/ epistemisches Lesen

Text verarbeiten/ verinnerlichen und eine Verknüpfung zum eigenen Wissen herstellen.

Um durch Lesen zu lernen, sollten Sie das Gelesene schriftlich festhalten, z.B. in einer Zusammenfassung. Die schriftliche Formulierung in eigenen Worten ermöglicht es Ihnen, sich selbstständig mit dem Text auseinanderzusetzen. So prägt sich das Gelesene in Ihr Gedächtnis ein.

Entscheidend beim epistemischen Lesen ist die schriftliche Fixierung des Gelesenen.

☑ **Resultat**: Sie können das Gelernte im privaten und im beruflichen Bereich nutzen.

📖 **Bibliographie**

- Biafkowski, Brigitte et al (2002): Facetten. Lese- und Arbeitsbuch Deutsch für die Oberstufe. Leipzig/ Stuttgart/ Düsseldorf: Ernst Klett.
- Biermann, Heinrich/ Heverstraßen, Karl Josef/ Schurf, Bernd (Hrsg.) (1998): Texte, Themen und Strukturen. Deutsch für weiterführende berufliche Schulen. Berlin: Cornelsen.
- Glinz, Hans (1978): Textanalyse und Verstehenstheorie 1. Wiesbaden: Athenäum.
- Hackenbroch-Krafft, Ida/ Parey, Evelore (2003): Training Umgang mit Texten. Fachtexte erschließen, verstehen, auswerten. Leipzig/ Stuttgart/ Düsseldorf: Ernst Klett.
- Hermes, Eberhard (1994): Training Textarbeit Deutsch. Sekundarstufe II. Arbeitsschritte – Aufgabentypen – Schreibregeln. Stuttgart: Klett.
- Rudolph, Günter/ Menzel, Wolfgang (2000): Was sind die wichtigsten Informationen? Sachtexte erarbeiten. In: Praxis Deutsch 164/ 2000. S. 40-47.

Die Lesekarten können auf der Homepage des Projekts herunter geladen werden:

http://www.uni-koeln.de/sprachfoerderung/, Passwort: „gnuredröf".

Material 2

Leichte Bleche für schnelle Autos
Sandwichkonzept sorgt für Gewichtsvorteile

Um ein Auto leichter und somit schneller und benzinsparender zu machen, sind neue Werkstoffe gefragt. So forscht das Institut für bildsame Formgebung der RWTH Aachen an Sandwichblechen und deren möglicher Verarbeitung im Automobilbau oder in der Luft- und Raumfahrt. Ein Sandwichblech besteht aus zwei hauchdünnen Aluminiumblechen anstelle des Toastbrotes und normalerweise Kunststoff oder auch Gitterblechen anstelle des Schinkens. Mit diesem Verbundstoff lässt sich bis zu 60 Prozent Gewicht anstelle eines vergleichbaren Stahlteils einsparen. Hinzu kommen bessere Eigenschaften bei der Isolation, der Geräusch- und Vibrationsdämmung als auch bessere Unfalleigenschaften durch eine höhere Energieaufnahme. Probleme gibt es noch bei den Fügetechniken: Da sich die Sandwichbleche wegen des Kunststoffanteils

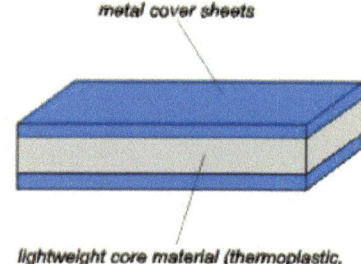

Ein Sandwichblech im Querschnitt

nicht Schweißen lassen, müssen andere Methoden, wie Nieten und Kleben, erprobt werden. Außerdem müssen wegen der größeren Dicke der Sandwichbleche andere Radien und Formen von den Automobilherstellern designt werden. Mögliche Teile wären also hauptsächlich die Motorhaube oder Hard Tops für Cabriolets. Schätzungen zufolge könnte ein Fahrzeug mit einem durchschnittlichen Benzinverbrauch von 7,5 Litern je 100 Kilometern mit der Verwendung von Sandwichblechteilen bis zu 0,6 Liter Benzin je 100 Kilometer sparen. Das entspräche einer achtprozentigen Verminderung des Kohlendioxidausstoßes. Und das wäre doch immerhin schon ein Anfang.

DOMINIK PASMANN
Kontakt:
Institut für Bildsame Formgebung
Dipl. Ing. Marc Nutzmann
Intzestr. 10
52056 Aachen
Tel: 0241/8098118
E-Mail: nutzmann@ibf.rwth-aachen.de